Kurzführer

KARL
charlemagne
DER GROSSE

Kurzführer

IM AUFTRAG DER STADT AACHEN
HERAUSGEGEBEN VON SARVENAZ AYOOGHI,
FRANK POHLE UND PETER VAN DEN BRINK

SANDSTEIN VERLAG

Inhalt

Vorwort

MARCEL PHILIPP
OBERBÜRGERMEISTER DER STADT AACHEN

Straßen, Plätze, topografische Lagen wurden nach ihm benannt, Städte führen ihre Gründung auf ihn zurück, Kirchen stehen unter seinem Patronat, und sein Name in lateinischer, französischer, italienischer oder deutscher Form bezeichnet Organisationen und Institutionen, Gebäude und sogar Lebensmittel oder andere Produkte für den täglichen Gebrauch. An Karl dem Großen, so scheint es, kommt niemand vorbei.

Zweifelsohne ist Karl der Große eine der hervorstechenden historischen Persönlichkeiten, die Spuren hinterlassen hat in den Erinnerungen späterer Generationen. Zumindest im Bereich der westeuropäischen Zivilisation ist seine Bedeutung tief in die kollektiven Gedächtnisse eingegangen. Gewiss hat sich jede Zeit, jede Gruppierung, die sich auf ihn berief, ihr eigenes Karlsbild geschaffen. Was ihm zugeschrieben wurde, hatte oft instrumentellen Charakter, Karl wurde genutzt und vernutzt, wurde ins Feld geführt für unterschiedlichste Ziele. Er diente als Projektionsfläche für allerlei Vorstellungen und wurde ebenso vielgestaltig präsentiert, wie er in Gemälden und Statuen porträtiert wurde.

Der 1200. Jahrestag seines Todes am 28. Januar 814 ist für Aachen Anlass, sich aufs Neue an Karl den Großen zu erinnern. Nach der großen Karlsausstellung des Jahres 1965 stellt sich der Stadt, die wie keine andere mit dem mächtigsten Herrscher des europäischen Mittelalters verbunden wird, die Frage, wie sie mit dem in ihr so vitalen Karlsgedenken umgehen soll und, noch grundsätzlicher, warum sie ein solches überhaupt praktiziert. Dies ist allerdings nicht allein eine Frage lokaler Selbstverständigung. Karl der Große ist per se ein Thema des europäischen Diskurses, gehörten doch zu seinem Reich weite Teile des Kontinents.

Der bereits von Zeitgenossen in dichterischer Emphase so bezeichnete und auch heute noch oftmals als »Vater Europas« beschworene Kaiser kann für das heutige Europa nur mit Einschränkung als politische Identifikationsfigur dienen, dagegen spricht sein kriegerisches Handeln wie auch sein Eroberungsstreben. Seine Regierungsform entsprach überhaupt nicht demokratischen Prinzipien, die die Grundfesten des geeinten Europas unserer Tage ausmachen. Und kaum vorstellbar ist es, dass ein Karlspreisträger der Gegenwart die »Erneuerung des Karolingerreichs« auf die politische Tagesordnung setzt, wie es der erste Karlspreisträger, Richard Nikolaus Graf Coudenhove-Kalergi, im Pathos der unmittelbaren Nachkriegszeit im Jahr 1950 tat, »um Europa aus einem Schlachtfeld periodischer Weltkriege zu verwandeln in ein friedliches und blühendes Weltreich freier Menschen.« Allenfalls im politischen Diskurs über ein Europa der verschiedenen Geschwindigkeiten wird im Rahmen einer historischen Reminiszenz mitunter noch auf die »karolingische Lösung« zur Etablierung eines Kerneuropa rekurriert. Wenn auch die Berufung auf Karl den Großen als Namensgeber für den Internationalen Karlspreis zu Aachen aus der Zeit seines Entstehens heraus verstanden werden muss, die nach den bitteren Erfahrungen von zwei Weltkriegen in einer europäischen Einigung euphorisch ein Gegenmittel gegen Nationalismus, Feindseligkeit und neue Kriegsgefahr sah, hat der Karlspreis doch ein Renommee und eine hohe Bedeutung als politische Würdigung von Verdiensten für die Vereinigung Europas entwickeln können. Er gilt als »die bedeutendste Auszeichnung, die Europa zu vergeben hat« (Helmut Kohl). Und immer mehr ist seit Bestehen des Karlspreises deutlich geworden, dass die Legitimität der Berufung auf den Frankenkaiser nicht in den geografischen Dimensionen seines Reiches wurzelt, sondern in den Impulsen, die zur Grundlage der Weiterentwicklung der europäischen Zivilisation wurden.

Die von ihm angestoßene Bildungsreform, die Verbreitung des Christentums und die Erneuerung der geistigen Kultur Europas gaben dem Vielvölkerreich eine einheitliche Gestalt. Es ist diese einheitsstiftende Wirkung, die bis heute mit Karl verbunden werden kann und nachwirkt. Der Historiker Johannes Fried hat darauf hingewiesen, dass über Sprach- und Ländergrenzen hinweg die Europäer intellektuell einander verstehen, weil sie dieselbe Rationalität, denselben Denkstil, dasselbe Grundwissen teilen. Und er setzte hinzu, Karl sei Initiator einer Einheitskultur, die sich aufgrund seiner Impulse habe entwickeln können. Das mache seine europäische Größe aus. Fried

geht sogar noch weiter und unterstreicht, dass durch die europäischen Kolonisations- und Expansionsbewegungen diese Zivilisation zwar nicht allein, aber doch ganz stark die Welt geprägt hat.
Diesen Gedanken zu überprüfen und zu vertiefen, ist eine Einladung zu den drei Ausstellungen des Jahres 2014 in Aachen, die unter dem Titel »Karl der Große – Macht, Kunst, Schätze« zusammengefasst sind. In ihnen soll ein Bild Karls gezeigt werden, das dem aufgeklärten Denken der Moderne angemessen ist. Die Tatsache, dass Karl die zuvor beschriebene europäische Rationalität gerade im Einklang mit religiösen Überzeugungen anstoßen konnte, ist zudem eines vertiefenden Nachdenkens über das Verhältnis von Vernunft und Glaube wert, das in philosophischen Diskussionen der letzten Jahre zunehmend thematisiert wird. Weder sollen mit den Ausstellungen Mythen, die sich seit jeher um Karl ranken, weitergetragen, noch neue geschaffen werden, es soll keine Heiligenvita geschrieben und keine Legendenerzählung fortgesetzt werden. Die Ausstellungstrias will vielmehr einen historisch verantwortbaren Blick auf ihn werfen, der nichts vernebelt. Die Ausstellungen können so Anlass geben, sich rückzubesinnen auf die Kultur als einer Basis für den Europagedanken und damit auf das, was Europa letztendlich zusammenhält.

Aachen, den 15. April 2014

Orte der MACHT

Einführung

FRANK POHLE

Am 28. Januar 814 starb Karl der Große nach einer langen Regierungszeit von 46 Jahren in Aachen. Noch am gleichen Tag trug man ihn in seiner wohl bedeutendsten baulichen Schöpfung, der Aachener Marienkirche, zu Grabe. An welchem Ort wäre daher des 1200. Todestags Karls des Großen würdiger zu gedenken als an seinem Sterbeort?

Aachen ist seit Jahrhunderten besonders eng mit der Person und dem Mythos Karls des Großen verknüpft. Sein Wirken begründete die Bedeutung Aachens in Mittelalter und Neuzeit als Krönungs- und Wallfahrtsort. Seine Person steht im Mittelpunkt eines Diskurses über Macht und Geltung der Stadt, der über Jahrhunderte mit stets wechselnden Vorzeichen geführt wurde, den europäischen Rang Aachens zu begründen und zu untermauern suchte und seinen Ausgangs- und Fluchtpunkt immer wieder an Grab und Thron Karls des Großen nahm. Karl der Große ist für Aachen bis heute das Zentrum eines Prozesses der Selbst- und Fremdvergewisserung, der stets fort- und umgeschrieben wird. Die Rezeption seines Lebens und Schaffens ist ebenso intensiv wie vielfältig und schlägt sich heute nicht zuletzt im renommierten Internationalen Karlspreis zu Aachen für besondere Verdienste um die europäische Einigung nieder. Aus seiner karolingischen Geschichte heraus versteht sich Aachen als ein Ort, an dem in besonderer Weise über Gegenwart und Zukunft Europas nachgedacht werden muss.

Angesichts seiner kulturellen und politischen Bedeutung am Anfang des Mittelalters ist Karl der Große zu Recht stets mehr als eine lokale Bezugsgröße gewesen. Wesentliche Weichenstellungen der weiteren kulturellen Entwicklung Westeuropas haben ihren Ort in der Regierungszeit Karls des Großen: Der kulturelle und künstlerische Rückbezug auf die Antike, die Entwicklung eines christlich-kirchlichen Bezugsrahmens in enger Bindung an das Papsttum und einer politischen Ordnung, für die das Wiederaufleben des abendländischen Kaisertums maßgeblich ist, auch ein erstes Anknüpfen an aristotelische Denktraditionen und mithin ein zarter Keim der europäischen Rationalität – dies alles ist mit Karl dem Großen verbunden, und wesentliche Impulse dazu gingen von seiner Residenz Aachen aus.

Die besondere Bedeutung der Pfalz Aachen für das Reich der Karolinger steht allerdings erst am Ende einer Entwicklung, die in der Ausstellung nachgezeichnet wird. Sie ist als Rundgang mit thematischen, aufeinander aufbauenden Schwerpunkten angelegt, als ein chronologisch-thematisches Voranschreiten.

Der Besucher begleitet Karl den Großen im ersten Teil der Ausstellung auf dem Weg durch sein Reich. Karl übt seine Herrschaft zunächst noch im Umherziehen aus, wie die Herrscher vor und nach ihm; erfolgreich Krieg zu führen ist eine seiner vornehmlichen Aufgaben. Der Herrscher und seine Umgebung sind daher hoch mobil in einer ansonsten eher ortsgebundenen Gesellschaft – ein Privileg, das sie mit nur wenigen anderen Personengruppen, wie den Pilgern, Fernhändlern und Diplomaten, teilen. Unterwegs auf den Straßen der Römerzeit, auf Flüssen und Pfaden erschließt sich dem jungen Karl sein Herrschaftsgebiet, in dem er seine Autorität durchsetzt, Recht spricht und Rechtsakte in Urkunden fassen lässt, denen erst allmählich eine normative Gesetzgebung an die Seite gestellt wird.

Auf dem Weg durch sein Reich macht Karl Station bei Bischöfen und Äbten, Grafen und anderen hohen Adligen, die verpflichtet sind, den König und sein Gefolge zu beherbergen. Er kann aber auch auf ein dichtes Netzwerk von Königsbesitzungen zurückgreifen, auf die Pfalzen und Königshöfe, die ihm bevorzugt Aufenthalt bieten – oftmals kaum mehr als große Landgüter mit Kirche und Steinhaus, weit von dem entfernt, was den Herrschern der Spätantike an architektonischer Pracht zur Verfügung stand. Landwirtschaft und Handwerk bestimmen das Leben der meisten Menschen in Karls Reich und erwirtschaften die Ressourcen, auf die der König zurückgreifen kann.

Auf dem Weg durch sein Reich, insbesondere mit der Eroberung des Langobardenreichs erweitert sich aber auch der Horizont des jungen Königs. Er sieht, mit welcher Pracht die Langobardenherrscher in Italien residierten, sieht den Theoderichspalast und die Kirchen Ravennas, lernt die antiken Überreste Roms und die Neubauten der Päpste kennen. Seine Gesandten berichten ihm vom Großen Palast in Konstantinopel, von den Palästen der Kalifen. Karl erhält also Kenntnis von einer international gültigen, auf spätantike Vorbilder verweisenden Formensprache von Herrschaftsarchitektur, wie sie ihm in seiner Jugend wohl nur in wenigen Beispielen vor Augen stand, und macht sie für eigene Großprojekte nutzbar: Ingelheim, Nimwegen, Paderborn. Auch die Aachener Pfalz ist ein solches Großprojekt, das in seiner Bedeutung aufgrund der häufigen und langen Anwesenheit des Herrschers andere Bauvorhaben überragt. In den letzten beiden Lebensjahrzehnten Karls ist Aachen der unumstrittene Aufenthaltsort des Herrschers, den er nur noch in Ausnahmefällen verlässt, wenngleich er die Pfalz vielleicht nie fertiggestellt sah.

Derart in der letzten Lebensphase Karls angelangt, werden die Aachener Pfalz selbst sowie das Leben in der Pfalz und die von hier ausgehenden politischen Aktivitäten vorgestellt. In der Aachener Kirche wird Karl der Große schließlich auch zu Grabe getragen, und schon bald nach seinem Tod setzen seine Mystifizierung und Instrumentalisierung ein – ein Prozess, der in einigen wenigen, handverlesenen Exponaten umrissen ist. Thematische Brücken zu »Karls Kunst« mit dem Schwerpunkt auf der Produktion der »Aachener Hofschule«, zu »Verlorene Schätze« mit dem Schwerpunkt auf dem Schatz des Marienstifts und zur Dauerausstellung des Neuen Aachener Stadtmuseums im Centre Charlemagne lassen sich von hier aus schlagen. Gegenwartsorientierte Fragen schließlich stehen am Ende des ambitionierten, vielfältigen Rundgangs.

»Orte der Macht« zeigt in zehn Abteilungen über 300 Exponate, die im Ausstellungskatalog erfasst und beschrieben sind. Er ist überaus empfehlenswert für die Vor- und Nachbereitung der Ausstellung sowie als bleibendes Forschungsinstrument, aber weder besonders handlich noch leicht. Die Begleitung des Besuchers in der Ausstellung ist daher anderen Medien anvertraut – in erster Linie Ausstellungsführern und dem Audioguide. Die Ausstellungsführer können ihren Rundgang frei wählen und dadurch auf besondere Besucherinteressen reagieren, bei einer geplanten Führungszeit von einer Stunde ist jedoch nachvollziehbar, dass immer eine Auswahl aus dem Gezeigten zu treffen ist. Der Audioguide folgt dem thematischen roten Faden und kommentiert rund 60 Exponate ausführlicher.

Angesichts dieser inhaltlichen und didaktischen Möglichkeiten nimmt sich der vorliegende handliche Kurzführer heraus, anders an den Gegenstand heranzugehen. Er versucht gar nicht erst, auf den wenigen Seiten den Ausstellungsrundgang über vermeintliche »Schlüsselobjekte« mit briefmarkengroßen Abbildungen nachzuzeichnen, sondern will als bewusst anderer, kunsthistorisch ausgelegter Leitfaden durch die kulturhistorische Ausstellung dienen. Er versammelt daher 28 Exponate, die um ihrer selbst willen ausgewählt und in hoher fotografischer Qualität abgebildet sind. Damit dient die Schrift zugleich als optische Erinnerung an künstlerisch herausragende Stücke, die mit Auszügen aus dem wissenschaftlichen Katalog kompetent beschrieben werden. Mögen die Stücke Ihnen bei der Betrachtung die gleiche Freude machen wie mir bei der Auswahl.

Schwert

Fund aus dem niederländischen Maastal · 2. Hälfte 9. Jh.

Eisen, Silber · L 89,5 cm, L Klinge 76,5 cm

Maastricht, Centre Céramique, Inv.-Nr. BC-3239

14 Bei Baggerarbeiten an der Maas wurde 1970/71 südlich von Wessem dieses eiserne Schwert gefunden. Die Klinge ist an einigen Stellen durchgerostet, auch fehlt ein Teil der Spitze, doch sind auf beiden Seiten noch Marken des Schmieds zu erkennen.

Der Griff hat eine gebogene, unverzierte eiserne Parierstange und eine entsprechende Knaufstange. Sie waren mit Knochen oder Holz umkleidet. Der Knauf ist dreigliedrig mit erhöhtem Mittelteil, die ihn verkleidenden Silberplättchen zeigen pflanzliche Ornamente und Tierdarstellungen. Zwischen den Flechtbändern war der Knauf mit Edelsteinen besetzt. Eine solche Verzierung ist typisch für den »Trewhiddle-Stil«, der nach dem Schatzfund von Trewhiddle in Großbritannien benannt ist.

Wahrscheinlich ist das Schwert in Südengland hergestellt und von einem Wikingerkrieger benutzt worden. Die Wikingerkönige Godefrid und Sigifrid errichteten 881 im Maastal ein befestigtes Winterlager, das Ascloa hieß, vielleicht das heutige Asselt bei Roermond. Von dort aus unternahmen sie zahlreiche Raubzüge ins Maastal und ins Rheinland. 881 suchten sie Maastricht, Tongeren, Lüttich und Aachen heim. Vermutlich hat ein hochgestellter Wikinger das Schwert auf dem Weg nach Ascloa in Wessem im Kampf verloren. WD

Stierkopfschale

Nagyszentmiklós (Sânnicolau Mare, Rumänien) · 7.–9. Jh. (2. H. 8. Jh.?)

Gold, 20 1/2 Karat · H 11 cm, L 12,7 cm, Gew. 283 g

Kunsthistorisches Museum Wien, Antikensammlung, Inv.-Nr. VIIb 10

16 Der Kopf eines Mischwesens blickt zurückgewandt über den Rand der ovalen Schale: Die Mähne und die gefletschten Zähne sind die eines Löwen, während die runden Augen, die Hörner und die Ohren an einen Stier erinnern. Die drei Beine, auf denen die Schale sicher steht, unterstreichen mit ihren Krallen wiederum den Raubtiercharakter des Wesens. Reicher ornamentaler Dekor überzieht Tierkopf und Schalenrand. Die Stierkopfschale stammt aus dem größten bekannten Goldschatz des frühen Mittelalters, der 1799 durch Zufall entdeckt wurde. Die insgesamt 23 Goldgefäße mit einem Gesamtgewicht von beinahe 10 kg umfassen Krüge beziehungsweise zu Krügen umgearbeitete Flaschen, Schalen, Pokale, Becher und ein Trinkhorn. Sie wurden zu unterschiedlichen Zeiten von verschiedenen Händen gefertigt und teilweise umgearbeitet, einige bilden ein Paar, manche besitzen figürliche Darstellungen oder tragen Inschriften, andere wiederum christliche Symbole. Dekor und Formen zeigen die unterschiedlichsten stilistischen Einflüsse, doch werden die Stücke in der jüngeren Forschung mit der Kultur der Awaren zusammengebracht. Derartige Gefäße mögen die Franken 795 vorgefunden haben, als sie den »Ring der Awaren« einnahmen und 15 Wagenladungen voll Gold und Silber erbeuteten. KZO

Grundriss der Grabeskirche in Jerusalem

Handschrift, Reichenau · 9. Jh.

Pergament · H 28,9 cm, B 24,4 cm

Karlsruhe, Badische Landesbibliothek,
Ms. Aug. perg. 129

Der Plan der Grabeskirche in Jerusalem zeigt, wie abstrahiert architektonische Vorstellungen im Frühen Mittelalter übermittelt wurden. Die Darstellung geht auf eine Skizze zurück, die der fränkische Bischof Arculf nach einer Pilgerfahrt Ende des 7. Jahrhunderts dem irischen Abt Adomnan von Iona zur Verdeutlichung anfertigte. Letzterer legte Arculfs Reisebeschreibung *De locis sanctis* in drei Büchern nieder.

Ein Vergleich des Plans mit modernen Rekonstruktionen der Grabeskirche zeigt, dass die Abfolge der heiligen Stätten (Kreuzigungsstätte, Golgathafelsen, Grabrotunde) wiedererkennbar eingehalten wurde. Die Größe der Darstellung orientiert sich hingegen an der Bedeutung, welche die einzelnen Stätten für den Pilger hatten. Besonders hervorgehoben wird als Ort der Auferstehung das Grab Christi, markiert im Zentrum der Rotunde durch den innersten Kreis und den eingeschriebenen rechteckigen Sarkophag. Vor dem Eingang stehen zwei Petrus und Maria geweihte Altäre, die aus dem in zwei Teile zerbrochenen Stein der Grabtür gefertigt sind. Die radial in das Zentrum laufenden Streifen markieren die Zugänge in die Rotunde. Sie durchschneiden zwei konzentrische Kreise, die einen Umgang mit drei weiteren Altarkonchen und möglicherweise eine Empore darstellen. JL

De illo lapide qui ad hostium monumenti advolutus est quem archulfus interscisum et in duas divisum partes refert. Cuius minor pars ferramentis dolata quadratum altare in rotunda eclesia ante hostium memorati tugurii id est monumenti dominici stans constructum cernitur. Maior vero illius lapidis pars aeque circumdolata in orientali eiusdem maosolei salvatoris loco quadrangulum aliud altare sub linteaminibus stabilitum exstat.

Inter has itaque duas eclesias ille famosus occurrit locus in quo abraham altare composuit super illud imponens ligni struem, et ut isaac immolaret. Ubi nunc mensa habetur lignea non parva super quam pauperum elemosinae a populo offeruntur.

De golgothana eclesia in qua magna argentea crux in quo loco passus est humani generis salvator infixa stetit.

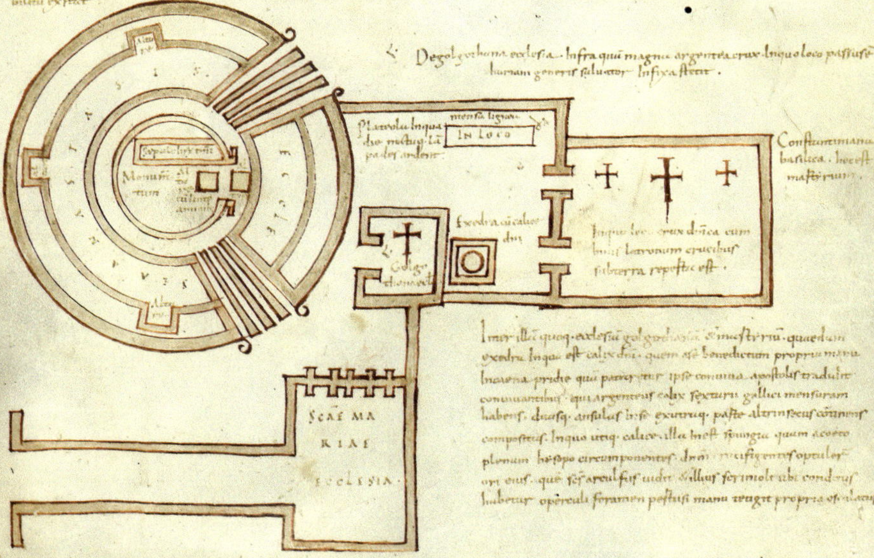

Inter illam quoque eclesiam golgothanam et martyrium quaedam exedra in qua est calix domini quem ipse benedictum propria manu in cena pridie quam pateretur ipse conviva apostolis tradidit convivantibus. Qui argenteus calix sextarii gallici mensuram habens duasque ansulas in se ex utraque parte altrinsecus contenens compositas. In quo utique calice illa inest spongia quam aceto plenam hysopo circumponentes dominum crucifigentes optulerunt ori eius. Quem sanctus arculfus vidit et illius scrinioli ubi conditus habetur operculi foramen pertusi manu tetigit propria et osculatus.

Illa rotunda eclesia quae anastasis hoc est resurrectio vocitatur, quod in loco dominicae resurrectionis fabricata est. Ad dexteram coherentem partem scae mariae matris domini quadrangula eclesia.

Volksrechte-Sammlung des Wandalgarius

Wandalgarius, Lyon (?) · 793

Pergament, 342 Seiten · H 22,5 cm, B 13 cm

St. Gallen, Stiftsbibliothek, Cod. Sang. 731

Die Handschrift versammelt die Stammesgesetze der Westgoten, der Salfranken und der Alemannen. Dazwischengesetzt sind die Genealogie Jesu Christi und eine Namensliste der Frankenkönige von Dagobert bis Pippin nach der Chronik des Isidor von Sevilla.

Der Text ist reich mit Miniaturen und Schmuckinitialen ausgestattet. Der Schreiber gibt sich als »Uandalgarius« zu erkennen und hat einen Teil der Handschrift auf den Tag genau datiert: Er habe die *Lex Salica* und die *Lex Alamannorum* zwischen dem 30. Oktober und dem 1. November 793 geschrieben – eine kaum glaubliche Zeit von drei Tagen für 108 Seiten. Ob er sich in der Angabe irrte oder voller Stolz sein Schreibtempo rühmte, ist ebenso umstritten wie die genaue Verortung seiner Tätigkeit. Wahrscheinlich war er Kanoniker an der Kollegiatkirche St. Paul in Lyon, doch wurde auch Italien als Entstehungsraum vermutet.

In der Forschung hat man die Handschrift lange Zeit vor allem aus rechtsgeschichtlicher Sicht betrachtet. In jüngerer Zeit wird sie aber zunehmend als Gesamtkomposition gewürdigt: Sie veranschaulicht eine kontinuierliche Gesetzgebertradition von Moses bis zu Karl dem Großen. Welt- und Heilsgeschichte münden in die ordnende Herrschaft Karls. FP

Quicūque adulat ix monetā aerio
pcedure & hii qui p ei aur ex̄t se
ducmonicidae adulteracione.
fuerint adpbatur ignib; concre
mentur; XVIII Si quis solido

Quicūq solido adulterauerit sub
posuerit & falsa minicida
fecerit capite puniatur;

XVIIII De raptu uir
ginū uel uiduarum

Sicut parentib; puellae nihil
quisquae aduit ante q̄ finita
aut eae suo debita coniuncio
sociaere & eae uel inuitae rapuerit uel uo
luntate repatore puellae coniuncta pa
statur puniaentur;

Si quis uero ex amicis uel familiae aut fosterare
snuarum puelle consilio rapatur dederint
aut oppostunitate deprebuerint repitinch liq
facta plubū in faucib; inostr suscipiant
ut me lisso illae par corporis conductae

Kreuzanhänger

Thier d'Olne, Hermalle-sous-Huy (Engis) · früh- bis hochmittelalterlich, aus einer Grabenverfüllung des 9. Jhs.

Silberblech auf Eisenkern · H 7,5 cm, B 6,4 cm, T 0,7 – 0,9 cm

Amay, Cercle Archéologique Hesbaye-Condroz, ohne Inv.-Nr.

Der Anhänger aus Eisen in Form eines gleicharmigen, griechischen Kreuzes mit sich leicht verbreiternden Armen ist mit vergoldetem Silberblech überzogen. Die fünf Löcher im Blech sind vielleicht Reste der Einlage von Schmucksteinen, möglicherweise stammen sie aber auch von einer vorherigen Befestigung auf einem anderen Träger, worauf die kreisförmigen Verfärbungen um die Löcher – wohl Abdrücke vormaliger Nietscheiben – hinweisen könnten. Der obere Kreuzarm lässt sich an der Aufhängeöse erkennen, sodass das Kreuz als heilbringender Anhänger getragen worden ist. Der christliche Bezug ergibt sich aus der eingeritzten Inschrift: IHS NAZARE/NUS REX (horizontal und seitenverkehrt) IUDEO/RUM (vertikal von unten nach oben) mit anschließendem Gittermuster zur Füllung der leeren Fläche. Die Inschrift (»Jesus von Nazareth, König der Juden«) stand nach Joh 19,19 f. auf einer Tafel am Kreuz Christi.

Ein Kreuzanhänger dieser Art könnte im 9. Jahrhundert von einem gläubigen Menschen getragen worden sein. Ein solcher Schmuck ist weit entfernt von den häufig unspezifisch verzierten Gegenständen der späten Merowingerzeit. Vielleicht ist das Stück aber auch älter und gehörte in einen anderen Kontext; die Inschrift könnte auch später eingeritzt worden sein. WG | SR

Korinthisches Kapitell

Trier, Kaiserthermen · 2. Jh.

Marmor · H 58 cm, Dm 58 cm

Trier, Rheinisches Landesmuseum, Inv.-Nr. 1914,1099

Das korinthische Normalkapitell wurde bei der Kaiserpalastausgrabung 1913 gefunden. Kähler weist das Stück zu Recht als südlichen Import aus und ordnet es aufgrund der Stilformen einer Gruppe von Marmorkapitellen zu, die aus zweiter oder sogar dritter Verwendung stammen, darunter eines aus der Pfalzkirche in Aachen. Auch in den Trierer Kaiserthermen liegt eine Wiederverwendung vor, denn die Gruppe ist sicherlich im Laufe des 2. Jahrhunderts gearbeitet worden. In den Trierer Thermen fand es jedoch erst nach der Umnutzung des Gebäudes als Kaserne der kaiserlichen Leibgarde zwischen 350 und 360 seinen Platz. KPG

Mosaik mit Wasserhühnern

Trier · 2. Hälfte 4. Jh.

Stein-, Glas- und Ziegeltesserae · H 61 cm, B 55 cm

Trier, Museum am Dom, Inv.-Nr. Δ 3

Das Mosaik zeigt zwei Wasserhühner vor einem hellen Hintergrund. Ihr Gefieder ist in blau-grünen Farbtönen wiedergegeben. Ihre Flügel zeichnen sich durch zwei markante rotbraune Streifen aus, deren Farbe sich in den Füßen und im Schnabel widerspiegelt. Während das Wasserhuhn im Vordergrund zurückblickend aufhorcht, pickt das zweite hinter ihm mit zum Boden gesenktem Kopf. Beide Vögel sind von Pflanzen mit roten Blüten umgeben. Eingefasst ist das Vogelmosaik von einer zweireihigen schwarzen Mosaikumrandung. Zusätzlich verläuft unterhalb des bräunlichen Bodens ein heller Mosaikstreifen, der zu beiden Seiten nahtlos in den Hintergrund übergeht. Bis auf die Darstellung der Vögel und Pflanzen, die aus Glastesserae bestehen, wurde für das Mosaik Kalkstein verwendet.

Die Mosaikreste wurden zwischen 1843 und 1858 neben dem Trierer Dom gefunden, in der Windstraße vor dessen Nordwand. Die Bruchstücke gehörten ursprünglich zu einem Wandmosaik im Nebenraum des Quadratbaus der konstantinischen Kirche. Mittels antiker Mosaiksteinchen und einiger Originalreste rekonstruierte man das Mosaik mit Wasserhühnern zu einem figürlichen Bildfeld mit Umrahmung, das einst als Mittelstück Bestandteil des kassettenartigen Wandmosaiks war. CR

Apostelkopf

Rom · um 799/800 (1625 restauriert)

Glasflüsse · H 47,5 cm, L 40 cm (mit Rahmung H 56,7 cm, B 46,4 cm, T 8,6 cm)

Vatikanstadt, Musei Vaticani, Museo Sacro, Inv.-Nr. 64008

Das Fragment war sehr wahrscheinlich Bestandteil des berühmten Trikliniumsmosaiks, welches Papst Leo III. um 799/800 für die Hauptapsis der neuen Thronaula im Lateran in Auftrag gegeben hatte. Von diesem Mosaik ist neben einigen abgenommenen Fragmenten nur noch eine Teilkopie an der Seitenfassade der Kapelle Sancta Sanctorum vorhanden, da die Aula im 18. Jahrhundert abgebrochen wurde. Es liegen aber mehrere Darstellungen des 16./17. Jahrhunderts vor, die einen Eindruck der leoninischen Mosaikausstattung vermitteln.

1625 wurde das Mosaik noch am ursprünglichen Standort von Giovanni Battista Calandra restauriert, wobei auch ältere Mosaiksteine verwendet wurden. Vor allem Teile der linken Gesichtshälfte (Auge, Ohr und obere Wange) sowie ein Streifen am Kinn wurden dabei erneuert, die übrigen Gesichtspartien sind noch original und stellen das früheste Beispiel für den neuen Stil der Mosaikwerkstätten unter Papst Leo III. dar. Konturiert wird das Gesicht durch dunkelblaue Mosaiksteine im Umriss, an den Augenlidern, den Augenbrauen und am Mund; Rottöne an Lippen und Wangen beleben es.

Noch vor 1744 gelangte das herausgelöste Fragment in den Besitz von Sammlern, konnte aber 1819 für die Vatikanischen Museen zurückerworben werden. KHF

FRAGMENTA MVSIVI VETERIS
TRICLINII LATERANENSIS
A LEONE III TEMPORIBVS
CAROLI MAGNI CONSTRVCTI

Schrankenplatte

Konstantinopel oder Griechenland · 6. Jh.

Thessalischer (grüner) Marmor · H 94 cm, B 127 cm

Berlin, Skulpturensammlung und Museum für Byzantinische Kunst, Inv.-Nr. I.5683

Die Platte aus grünem, von hellen und dunklen Einsprengseln durchsetztem Marmor weist einen breiten, mehrfach abgetreppten Rahmen auf und zeigt im zentralen Feld ein doppelschichtiges lateinisches Kreuz mit ausgestellten Enden. Die genaue Provenienz der Platte ist nicht geklärt; sie stammt vermutlich aus einer Zweitverwendung in Venedig. Es wird daher angenommen, dass es sich entweder um eine Erwerbung venezianischer Kaufleute handelt, die die Platte als Spolie für ein Projekt in Venedig ankauften, oder gar um ein Beutestück aus dem IV. Kreuzzug 1204, als das Kreuzfahrerheer unter venezianischer Führung Konstantinopel eingenommen hatte. Die ungeklärte Provenienz erschwert jedenfalls die Zuweisung an einen bestimmten Ort, denn derartige Buntmarmore waren im ganzen byzantinischen Bereich für Architekturausstattungen beliebt. Sie wirkten schon allein über ihre Farbe und Musterung, was sie verschiedentlich zur Betonung eines liturgisch besonders wichtigen Ortes – etwa des Ambos – prädestinierte, und bedurften keiner üppigen plastischen Dekoration. Der hier verwendete Marmor stammt aus der Gegend von Larissa in der heutigen griechischen Provinz Thessalien. FP

Marmortransenne

Ravenna, San Vitale · 6. Jh.

Marmor · H 69 cm, B 154 cm, T 6,5 cm

Ravenna, Soprintendenza per i Beni Architettonici e Paesaggistici per le province di Ravenna, Ferrara, Forlì-Cesena, Rimini – Museo Nazionale di Ravenna, Inv.-Nr. 413

Marmortransennen, Chorschranken byzantinischer Kirchen, finden sich zahlreich in Ravenna. Der größte Teil dieser raffinierten, fein skulptierten Arbeiten stammt aus der Zeit des Bischofs Victor (amt. 537 – 544). Sein Episkopat markiert die Phase der stärksten Abhängigkeit der liturgischen Ausstattung ravennatischer Kirchen von der Kunstproduktion Konstantinopels.

Diese Transenne aus der Kirche San Vitale gelangte 1932 ins Museo Nazionale, als der Denkmalpfleger Corrado Ricci eine umfassende Restaurierung der byzantinischen Denkmäler Ravennas durchführte. In der Anlage der Verzierung aus phantasievollen Arabesken und in ihrer Stilistik erweist sich diese Arbeit als eng verwandt

mit den konstantinopolitanischen Chorschranken, wie sie sich etwa in der Hagia Sophia und der Sergios-und-Bakchos-Kirche finden. Die geometrisch-vegetabile Dekoration ist für die justinianische Skulptur insgesamt charakteristisch. Der durchbrochene Teil wird von einem schlichten, nur leicht profilierten Rahmen umgeben. Die Verzierung besteht aus einem Geflecht flacher Bänder, die gezackte Rauten bilden, sowie verschieden angeordneten Akanthusblättern. Im Zentrum des oberen Teiles steht ein lateinisches Kreuz mit ausgestellten Enden. Darüber befinden sich zwei spiegelsymmetrisch angeordnete Vögel, die in akkurater, wenn auch etwas schematischer Weise dargestellt sind. CM

Chorschrankenplatte mit gegenständigen Drachen und Lebensbaum

Pavia, Kloster Santa Maria Teodote · 1. Hälfte 8. Jh.

Marmor · H 66,5 cm, B 176,5 cm, T 6,2 cm

Pavia, Musei Civici, Inv.-Nr. B 55

Die Platte stammt zusammen mit ihrem Pendant aus dem ehemaligen Kloster Santa Maria Teodote in Pavia, wo sie als Türpfosten wiederverwendet und dafür an den Schmalseiten um wenige Zentimeter eingekürzt worden war. Die Platten wurden lange als Langseiten eines Sarkophags interpretiert, dessen Deckel man in der Teodota-Inschrift der Musei Civici von Pavia identifiziert zu haben glaubte. Eine der Kopfseiten des Sarkophags soll wiederum die Platte mit dem Lamm gewesen sein, die ebenfalls im Bestand der Musei Civici di Pavia erhalten ist (Inv.-Nr. B 56). Eine solche Interpretation musste umso reizvoller scheinen, als die in der Inschrift genannte Teodota – wahrscheinlich eine langobardische Äbtissin von königlichem Geblüt – mit einem gleichnamigen Mädchen aus einem altrömischen Geschlecht identifiziert wurde, von der Paulus Diaconus in seiner *Geschichte der Langobarden* erzählt: König Cunincpert habe sie verführt und dann in dem Kloster zu Pavia einschließen lassen.

Diese Deutung hatte Bestand bis 1972, als Adriano Peroni die Platte im Zuge von archäologischen Untersuchungen in der Klosteranlage Santa Maria Teodote richtig als Pluteus – also als Teil der Abschrankungen des Presbyteriums der Kirche – identifizieren konnte. DT

Sammelhandschrift mit De architectura libri X

(Zehn Bücher über die Architektur) von Marcus Vitruvius Pollio (Vitruv)

36 **Handschrift, oberrheinisch-alemannischer Raum (St. Gallen?) · spätes 9. bis spätes 10. Jh.**

Pergament, 215 Blätter · H 19,1 cm, B 14,8 cm

Sélestat, Bibliothèque Humaniste, Ms. 17

Am Hof Karls des Großen kannte man Vitruvs *Zehn Bücher über die Architektur* sehr genau. Alkuin hatte sie gelesen, Einhard sprach mit seinem Schüler Vussin über schwer verständliche Begriffe. Seit Langem wird vermutet, dass diese spätere, im oberrheinisch-alemannischen Raum entstandene Handschrift auf eben jenes Exemplar zurückgeht, das am Aachener Hof diskutiert wurde. Sie zeichnet sich dadurch aus, dass auf drei Seiten Federzeichnungen die schwierige architektonische Begrifflichkeit erläutern. So finden sich eine »ionische« und eine »korinthische« Säulenbasis nebst floralen Ornamenten, eine Konstruktionszeichnung für eine Rosette, Kapitelle »ionischer« und »dorischer« Ordnung sowie zwei Gebälke mit Bezeichnung ihrer Bestandteile. Sie stellen eine kreative Umsetzung von Architekturbeschreibungen dar und sind ohne unmittelbare Vorlage entstanden. Wahrscheinlich wurden sie im späten 10. Jahrhundert in die Handschrift eingefügt, weisen aber keinen unmittelbaren Bezug zu den *Zehn Büchern* auf, sondern illustrieren einen weiteren architekturtheoretischen Text in dieser Handschrift. Die Texte belegen – in Verbindung mit den Zeichnungen – die Auseinandersetzung mit antiker Baukunst in den karolingerzeitlichen Klöstern und am Herrscherhof. FP

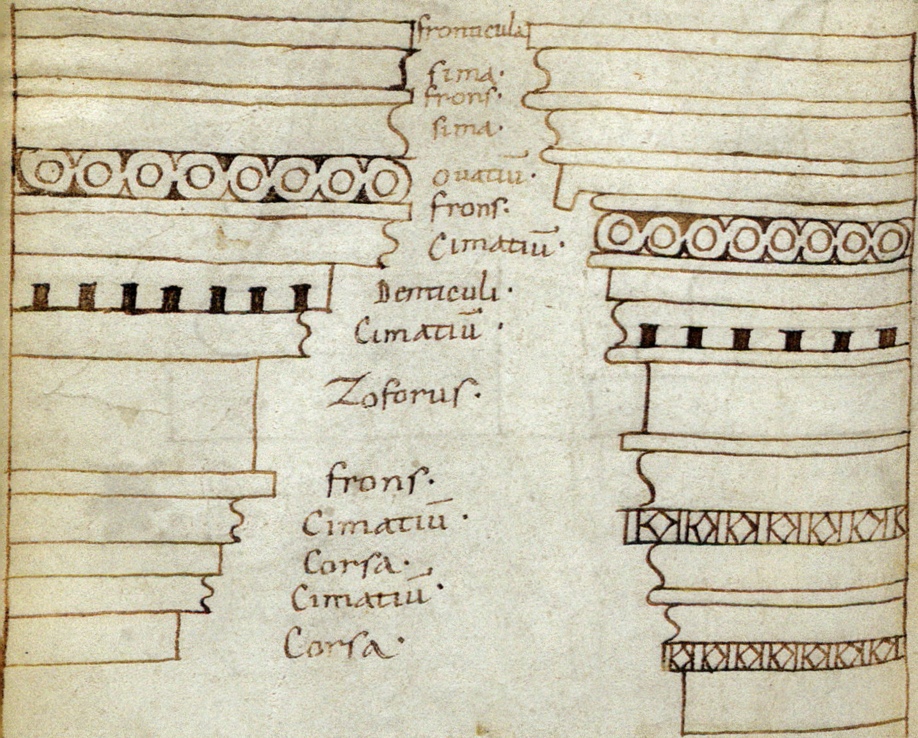
frontacula
sima.
frons.
sima.
ouatiū.
frons.
Cimatiū.
Denticuli.
Cimatiū.
Zoforus.
frons.
Cimatiū.
Corsa.
Cimatiū.
Corsa.

Bildnisdenar Karls des Großen

Aachen (?) · geprägt ab 11. September 813 (?)

Silber · Dm 2 cm, Gew. 1,55 g

Berlin, Staatliche Museen zu Berlin – Preußischer Kulturbesitz, Münzkabinett, Objektnr. 18202749

Wenn man von der Metzer Reiterstatuette absieht, bei der strittig ist, ob sie Karl den Großen oder seinen Enkel Karl den Kahlen darstellt, bilden die Münzen die einzige zeitgenössische Quelle für das Bildnis Karls des Großen. Genauer gesagt handelt es sich nur um ganz wenige (weltweit etwa 30) Stücke, denn das Gros der Münzen Karls zeigt lediglich ein Monogramm und nennt Karl durchweg nur *Rex Francorum*.

Aufgrund ihrer Seltenheit werden die Porträtmünzen entweder als besondere Zeremonial- und Auszeichnungsmünzen anlässlich der Kaiserkrönung 800 gedeutet oder mit der Anerkennung des Kaisertums Karls durch die Byzantiner 812 in Verbindung gebracht. Es gibt aber auch eine andere Erklärung. Ludwig der Fromme hat den Porträttyp des Vaters mit seinem eigenen Namen nach der Regierungsübernahme fortgesetzt. Da einige der Porträtmünzen Ludwigs typologisch und stilistisch den Karlsmünzen sehr nahe stehen, könnte man die Ausgabe der beiderseitigen Porträtmünzen auch mit dem Datum des 11. September 813 verbinden, an dem Karl seinen Sohn zum Mitkaiser krönte. Die Kaisermünzen Karls und Ludwigs könnten mit der Krönung Ludwigs beginnen, die Serie mit dem Namen Karls wäre mit dem Tod des Kaisers am 28. Januar 814 (oder bald danach) beendet worden. BK

Wandmalereifragment mit Inschrift

Paderborn, Pfalzgelände · 8./9. Jh.

Wandputz mit Malerei auf Kalk · H 15 cm, B 34 cm

Paderborn, Museum in der Kaiserpfalz/LWL, Inv.-Nr. M 8111

Die Ausgrabungen auf dem Paderborner Pfalzareal erbrachten in Gebäudestrukturen östlich der Aula, nördlich der ersten Kirche und im Bereich der Aula Regia zahlreiche bemalte Wandputzfragmente aus karolingischer Zeit. Sie verweisen auf ein farbiges, eindrucksvolles Raumbild der Pfalzanlage. Es dominiert rötliche Farbe auf hellem Putz. Auf einigen Fragmenten sind Buchstaben zu erkennen, die sich jedoch nur in einem Fall zu einem Wort rekonstruieren ließen: »draco«. Ob es mit einem Eigennamen in Verbindung zu bringen ist oder ob es sich um eine Anspielung auf den Drachen als Sinnbild des Bösen handelt, bleibt unklar. MKro

Korinthisches Kapitell

Nimwegen, Pfalzbereich · karolingerzeitlich

Marmor · H 50 cm, B 61 cm, T 61 cm, Dm unten 44 cm

Nijmegen, Museum Het Valkhof, Inv.-Nr. 1952.27

Das korinthische Kapitell wurde bei der Niederlegung der Burg Valkhof in den Jahren 1796/97 aufgefunden, die sich am Standort der Pfalz Karls des Großen erhob. Diese wird von Einhard zu dessen bedeutendsten Bauten gezählt. Die ursprüngliche Verwendung des Kapitells in karolingischer und späterer Zeit ist nicht bekannt. Auch die Datierung erfolgte rein stilkritisch und ist nicht durch datierende Beifunde oder Baukontexte flankiert. Das Werkstück dürfte dennoch als Zeugnis für die prachtvolle Architekturausstattung der untergegangenen karolingischen Pfalz Nimwegen heranzuziehen sein. LK

Unterteil eines korinthischen Kapitells

Ingelheim, Kaiserpfalz · 1. Jh. v. Chr.,
Überarbeitung Ende 8. Jh. (um 800)

Kalkstein · H 23 cm, Dm unten 41 cm,
Dm oben 51 cm

Ingelheim, Museum bei der Kaiserpfalz,
Leihgabe Historischer Verein Ingelheim e.V.,
Inv.-Nr. S 2

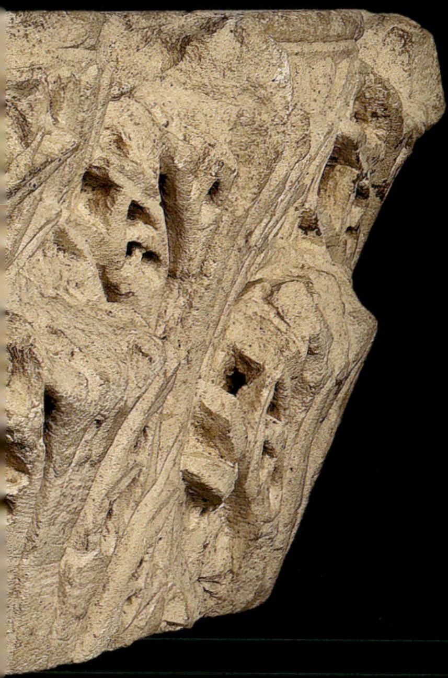

Das ursprünglich als korinthisches Wandpfeilerkapitell konzipierte Objekt ist nur in seiner unteren Hälfte überliefert. Die spitzzackige Ausarbeitung des Akanthus an drei Kapitellseiten verweist auf eine Entstehung im südalpinen Bereich oder im heutigen Südfrankreich. Die vierte Seite war wohl zunächst ohne Relief und zeigt eine Ergänzung des Akanthusdekors in vereinfachten Formen. Vergleiche mit Kapitellen etwa aus Fulda oder Nimwegen lassen diese Ergänzung in karolingischer Zeit vermuten, in deren Zug wohl auch Teile des antiken Akanthusmotivs relativ grob abgearbeitet wurden. Dies legt die Vermutung nahe, dass das Objekt im neuen Zusammenhang als vollansichtiges Kapitell verbaut war.
Das Kapitell setzt sich stilistisch deutlich von allen anderen aus Ingelheim bekannten Kapitellen ab und zeigt einmal mehr die Vielgesichtigkeit des Bauschmucks der Pfalz. Es zeugt überdies besonders eindrucksvoll von den Wünschen und Möglichkeiten, die dem Bau der Pfalz Ingelheim zugrunde lagen: Passgenaues Spolienmaterial herbeizuschaffen war offensichtlich selbst für ein Großbauprojekt Karls des Großen nicht möglich. Bei der Überarbeitung stand nur eine gewisse Verwandtschaft der Schmuckelemente im Vordergrund, eine »Kopie« war nicht beabsichtigt. BSchB

Sammelhandschrift mit dem Aachener Karlsepos

St. Gallen (?) · 9. und 14./15. Jh.

Pergament, 162 Blätter · H 22,4 cm, B 16,7 cm

Zürich, Zentralbibliothek, Ms. C 78

In diesem Sammelband wurden mehrere Handschriftenteile des 9. und des 14./15. Jahrhunderts – vermutlich alle St. Galler Ursprungs – zusammengebunden. Die Handschrift ist besonders bedeutend, weil einige der darin enthaltenen Texte allein hier überliefert werden, so das sogenannte Aachener Karlsepos.

Der Text des Karlsepos wurde wohl in der Klosterschule abgeschrieben, wie der wenigstens teilweise lehrhafte Charakter der versammelten Texte und ebenso die Schrift, eine mitunter etwas ungelenke karolingische Minuskel von mehreren Händen, vermuten lassen. Das nur fragmentarisch vor-

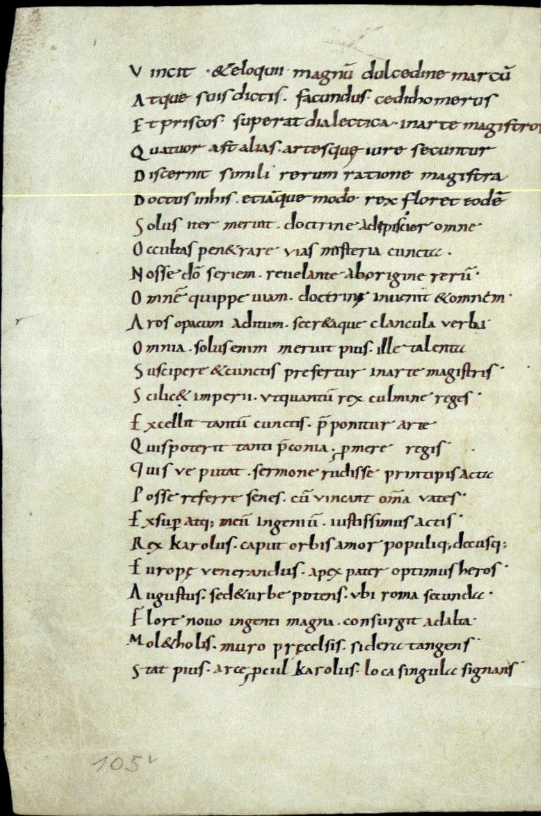

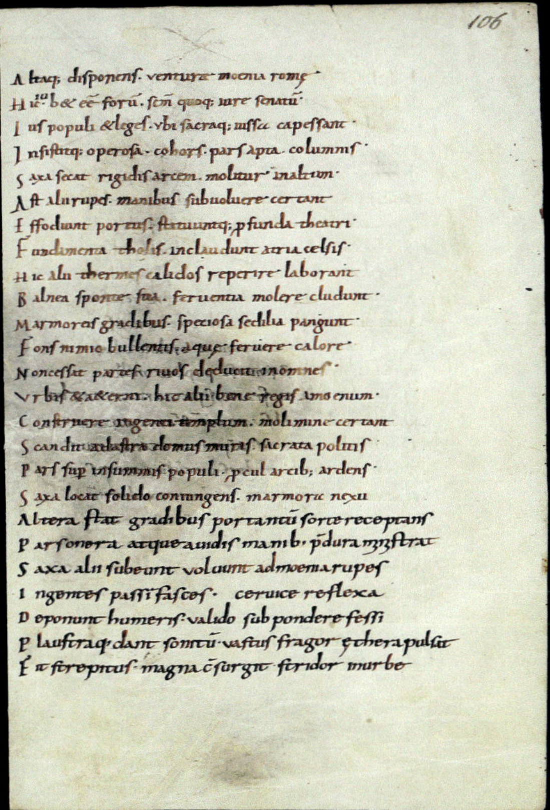

liegende Epos eines anonymen Verfassers schildert zunächst das Treffen Karls des Großen mit Papst Leo III. in Paderborn im Jahr 799, danach schließt sich eine poetische Schilderung der regen Bautätigkeit in Aachen in jenen Jahren an. Zum ersten Mal wird darin eine andere Stadt als Byzanz – nämlich Aachen – als *Roma secunda* beziehungsweise als *Roma ventura* bezeichnet. Dieser »Baubericht« gibt nicht die konkrete Wirklichkeit der Bauarbeiten wieder, doch lässt sich der weitreichende politische und kulturelle Anspruch Karls und seiner Umgebung ablesen, in Aachen das Zentrum eines neuen, Rom nachfolgenden Weltreichs zu schaffen. RW

Zwölf Spielsteine

46 Wijk bij Duurstede (Dorestad) · 8./9. Jh.

Bein · H 1,6 – 2,3 cm, Dm 1,9 – 2,9 cm

Leiden, Rijksmuseum van Oudheden, Inv.-Nr. WD 371.3.1a

Eine Gruppe von 37 dieser rundlichen, aus Bein gefertigten Spielsteine mit flacher Unterseite wurde zusammen in Dorestad gefunden. Sie sind alle gleichartig, außer einem Stück, das einen eisernen Knopf auf der Oberseite aufweist. Bei diesem Stein handelt es sich um den König, einen besonderen Spielstein für das skandinavische Brettspiel Hnefatafl. Das Wort bedeutet »Königsbrett«, aber es wird auch »Wikingerspiel« genannt – ein Strategiespiel, das von zwei Spielern auf einem quadrati-

schen Brett von 13 mal 13 oder 11 mal 11 Feldern gespielt wurde, die auf einem Holzbrett aufgezeichnet oder auch nur in den Boden gekratzt waren. Der eine Spieler spielte mit 12 weißen Steinen (»Soldaten«) und dem König, der andere mit 24 schwarzen Steinen. Beide Seiten arbeiteten mit unterschiedlichen Spielzügen, und es war das Ziel des schwarzen Spielers, den König zu umzingeln oder alle Soldaten auszuschalten, während der weiße Spieler dies zu verhindern suchte. Der Dorestad-Fund umfasst einen vollständigen Satz Hnefatafl-Steine, von denen hier eine Auswahl gezeigt wird. Es ist davon auszugehen, dass ein Teil der Figuren ursprünglich heller oder dunkler gefärbt war. AW

Ulfberht-Schwert

48 Aus dem Altrhein bei Mannheim-Friesenheimer Insel
1. Hälfte 9. Jh.

Eisen, Messing- und Silbertauschierung
L 79 cm, Maße Klinge L 62 cm, B 6 cm,
Parierstange B 9 cm, Knauf B 8 cm

Nürnberg, Germanisches Nationalmuseum,
Inv.-Nr. FG 2187

Das Schwert, eine Spatha, wurde vermutlich im Rhein-Maas-Gebiet hergestellt. Es gehört zu einer Gruppe von Schwertern des 9. bis 11. Jahrhunderts, deren Klingen mit dem Markennamen des Herstellers oder vielmehr der Werkstatt (hier in leichter Verschreibung VLFBEHT statt ULFBERHT) und einer rückseitigen Einlage aus Eisen mit anderem Kohlenstoffgehalt (Eisentausia) signiert sind. Der unterschiedliche Kohlenstoffgehalt bewirkt einen Farbkontrast in der ursprünglich spiegelglatt polierten Oberfläche. Knauf und Parierstange sind aufwendig mit Messing und Silber tauschiert.

Die Ulfberht-Klingen sind aus hervorragendem Stahl gefertigt und waren so begehrt, dass sie mit gleicher oder ähnlicher Signatur auch nachgeahmt wurden. Dass die Qualität der Schwerter deutlichen Schwankungen unterlag, machen auch Metallanalysen deutlich. Da man in Mitteleuropa zu dieser Zeit die Sitte der Grabbeigabe schon lange nicht mehr praktizierte, sind uns derartige Schwerter vor allem aus Ländern nördlich und östlich des Karolingerreichs bekannt, wohin sie über den Handel, als Geschenke oder durch Kriegszüge gelangten. Schwerter als Flussfunde anstatt als Grabbeigabe begegnen bereits in der Urnenfelderzeit. In der Karolingerzeit scheint dieses Brauchtum wieder aufzuleben. TSp

Scheibenfibel

1. Hälfte 9. Jh.

Gold, Silber, Flussperlen, Achate, Glas
Dm 3,9 cm, Gew. 14,2 g

Privatsammlung

Einer Silberscheibe mit Nadelhalterung ist auf der Vorderseite ein Goldblech aufgesetzt, in dessen Mitte ein gefasster violetter Stein aufgebracht ist. Von der Fassung dieses Steins erstreckt sich kreuzförmig Rankenwerk aus gedrehtem Golddraht in die Fläche, vier grünliche Glaspasten nehmen die Zwickel zwischen den Kreuzarmen ein. Zum Rand hin ist ihnen jeweils ein dunkler Stein (Achat?) beigesellt, sodass sich diagonal versetzt zu dem Lebensbaumkreuz aus Golddraht eine *Crux gemmata* abzeichnet. Zwischen den dunklen Steinen umlaufen jeweils vier gefasste Flussperlen den Rand, ein Taustab umläuft die gesamte Scheibe. FP

Taubenfibel

Osnabrück, Große Domsfreiheit · 1. Hälfte 9. Jh.

Silber, feuervergoldet, Email · H 2,3 cm, L 3,5 cm, T 0,9 cm

Osnabrück, Domschatzkammer (Domkapitel und Stadt Osnabrück)

1992 entdeckten Archäologen im Umfeld eines gestörten Frauengrabes im Norden des Osnabrücker Domes diese Fibel in Form einer Taube, die ein Kreuz auf dem Rücken trägt. Der Körper weist ein typisches karolingisches Ornament in Kerbschnitt auf, während der Kopf mit einem Auge in blauem Email glatt gehalten ist. Unter den wenigen bekannten Taubenfibeln dieser Zeit sticht sie durch ihre besonders qualitätvolle künstlerische Gestaltung hervor. Die Fibel gehörte wohl einer frommen Christin, die auf dem Friedhof der Missionskirche bestattet wurde. Die Taube dürfte als Sinnbild der erlösten Seele anzusprechen sein. HQue

Traditur autem secundum quosdam argumentum qui horam quatuor punctis determinant. quo dinosci possit quot horis & unciis luna in una quaq; luce & nocte luceat. (*marg.:* luna) Et primam quidem dodrante lucere aiunt. Secundam asse & semisse. tertiam bis asse & quadrante. quartam ter asse. quintam. ter asse & dodrante. Sextā. quater asse & semisse. Septimam. quinquies asse & quadrante. Octauam. sexies asse. Nonam. sexies asse & dodrante. Decimā. septies asse & semisse. undecimam. octies asse & quadrante. Duodecimā. nouies asse. Tertiā decimā. nouies asse & dodrante. Quartā decimā. decies asse. Quintam decimam. undecies asse & quadrante. Hac itaq; calculatione seruata putatur xv luna horis xi & quadrante id ē unius horae quarta lucere parte.
Notandum uero assem poni p quattuor punctis. id ē hora. dodrantem p punctis trib; semissem p duobus. quadrantē p uno.

luna	quot horas luceat luna	
i	SS	dodrante
ii	i S	assem ac semissem
iii	ii Ƶ	duos asses & quadrantē
iiii	iii	tres asses
u	iii SS	tres asses & dodrantē
ui	iiii S	quattuor asses & semissem
uii	u Ƶ	quinque asses & quadrantē
uiii	ui	sex asses
uiiii	ui SS	sex asses & dodrantem
x	uii S	uii asses ac semissem
xi	uiii Ƶ	octo asses & quadrantem
xii	uiiii	nouem asses
xiii	uiiii SS	Nouem asses & dodrantē
xiiii	x S	decem asses & semissem
xu	xi Ƶ	undecim asses & quadrantem
xui	x S	decem asses ac semissem
xuii	uiiii SS	nouem asses & dodrantem
xuiii	uiiii	nouem asses
xuiiii	uiii Ƶ	octo asses & quadrantē
xx	uii S	septem asses ac semissem
xxi	ui SS	sex asses & dodrantem
xxii	ui	sex asses
xxiii	u Ƶ	quinq· asses & quadrantē
xxiiii	iiii S	quattuor asses & semissē
xxu	iii SS	tres asses & dodrantē
xxui	iii	tres asses
xxuii	ii Ƶ	duos asses & quadrantē
xxuiii	i S	assem ac semissem
xxuiiii	SS	dodrantem
xxx		

Prima cleonei tolerata aerumna leonis
Proxima lernaeam ferro & face contudit hydrū
Mox erymantheū uis tertia perculit aprū
Aeripedis quarto tulit aurea cornua cerui
Stymphalidas pepulit uolucres discrimine quinto
Threiciam sexto spoliauit amazona baltheo
Septima in augaeis stabulis impensa laboris
Octaua expulso numeratur adorea tauro
In diomedeis uictoria nona quadrigis
Gerione extincto decimā dat hiberia palmā
Undecimo mala hesperidum districta triumpho
Cerberus extremi suprema est meta laboris

Pes habet palmos iiii. palmus habet unc iii. uncia hab scripul xxiiii
sicilicus habet scripul vi. digitus habet Ƶ ɔ id ē semunc & sicilicū id ē scrip xuiii
palm hab digitos iiii. sicilicus ē tertia pars digiti
libramentū aquae minimū in centenis pedib; sicilicus

ABCD
EFGHI
KLMN
OPQR
TVXYZV

Victorius Aquitanus, Calculus

Handschrift, Hessen (Seligenstadt?) · um 836

Pergament, 28 Blätter · H 30 cm, B 23 cm

Bern, Burgerbibliothek, Cod. 250

Die Handschrift besteht aus zwei Teilen, deren erster, karolingischer, mit seinen ursprünglichen Texten eine Begebenheit aus der Mitte des Jahres 836 widerspiegelt: Kurz vor seiner Heimreise nach mehrjährigem Studienaufenthalt in Fulda kündigte Lupus von Ferrières († nach 862) brieflich dem Karlsbiografen Einhard einen Abschiedsbesuch in Seligenstadt an. Er bat den älteren Gelehrten und Gönner unter anderem um eine Einführung in das Rechenbuch (*Calculus*) des Victorius Aquitanus sowie um die Zusendung eines antiken Musteralphabets in Majuskelschrift nach dem Entwurf des Hofschreibers Bertcaudus. Lupus wusste, dass Einhard über den seltenen, hauptsächlich aus römischen Bruchtabellen bestehenden *Calculus* verfügte. Die von ihm gewünschte Einführung kam einer Bitte um den Text gleich. Einhard entsprach den Wünschen seines mehrfach begünstigten Schülers.

Es ist bezeichnend, dass der vielfach begabte ehemalige Hofbeamte noch im hohen Alter als Quelle technischen und künstlerischen Wissens galt und diente. Die Formen des Musteralphabets der Capitalis lebten im 9. Jahrhundert vorübergehend in Inschriften und als Auszeichnungsschrift in Büchern wieder auf.

Um 1000 wurden Texte zur Osterberechnung (*Computus*) hinzugefügt. MIA

Leidener Aratea

Handschrift, Aachen · 2. Viertel 9. Jh.

Pergament, 99 Blätter · H 22,5 cm, B 20,5 cm

Leiden, Universitätsbibliothek, Ms. Voss. lat. 4° 79

54 Die sogenannte *Leidener Aratea* ist eine Sammlung von Abbildungen und Handschriften, die vermutlich im zweiten Viertel des 9. Jahrhunderts im karolingischen Kernland zwischen Aachen und Metz entstanden ist. Sie geht zurück auf eine Bearbeitung der *Phainomena* des griechischen Autors Aratos (nach 300 v. Chr.) durch den lateinischen Autor C. C. Germanicus († 19 n. Chr.). Da sie noch Text- und Bildspuren des R. F. Avienus (4. Jahrhundert) und des F. D. Filocalus (um 350) enthält, könnte eine Vorlage für dieses Werk schon in der Spätantike entstanden sein. Es ist aber auch plausibel, dass es ein Kompilator und Koordinator am Hof Ludwigs des Frommen direkt hat herstellen lassen.

Die aufwendig illustrierte Handschrift ist zuerst um das Jahr 1000 im nordfranzösischen Kloster Saint-Bertin nachgewiesen; sie gelangte nach vielen Umwegen 1690 in die Leidener Universitätsbibliothek. Viele der prachtvollen Abbildungen dieses einmaligen Kunstwerks gehen von Sternbildern aus, die Aratos behandelt hatte. Sie sind als kleine goldene Sterne oder Punkte in die figürlichen Abbildungen hineingesetzt, entsprechen in ihrer Anordnung aber nicht ihren tatsächlichen Positionen. WO

BIBE IN MENSURA CIATI UNIUS.

AD MORSUM SERPENTIS.

herbae plantaginis tritae cum uino et datae pau-
co commode erit.

AD MORSUM SCORP.

herbae plantaginis radicem alligatam proderit.

AD LUMBRICOS. herbae planta-
ginis contunditur et sucum eius de coclea-
rio ut delingat dabis bibere ipsum autem
quoque herbam cum sumina umbi-
lico imponatur. SI QUA DURITIA IN CORPO-
RE FUERIT herbae plantaginis
pisata cum axungia sine sale et suco eius
quae tumida est imponatur inde et discutit.

AD QUARTANAS. herbae plantaginis

Zwei Einzelblätter aus dem Herbarius des Pseudo-Apuleius

Handschrift, Oberitalien · 7./8. Jh.

Pergament · H 27,5 cm, B 21,5 cm und H 28 cm, B 22 cm

Halberstadt, Stiftung Dome und Schlösser in Sachsen-Anhalt, Domschatz Halberstadt, Inv.-Nrn. 465 und 466

Bei den zwei Einzelblättern handelt es sich um Fragmente aus einem illustrierten Kräuterbuch, dessen Kapitel jeweils einer Heilpflanze gewidmet sind. Dabei werden zunächst Name und Fundort jeder Pflanze und ihre medizinischen Anwendungsmöglichkeiten aufgelistet, dann folgen Erklärungen zur Zubereitung und Dosierung der einzelnen Pflanzen. Die bildlichen Darstellungen vereinfachen die Identifikation der Heilpflanzen und Kräuter. Die Schlange und der Skorpion helfen dabei, schnell das richtige Heilmittel gegen den Biss dieser Tiere zu finden.

Die beiden Blätter waren Teil des Einbands einer medizinischen Sammelhandschrift des 14. Jahrhunderts in der Halberstädter Domgymnasialbibliothek. Das Besondere an ihnen ist auch, dass es sich um Palimpseste handelt, also auf wiederverwendetes Pergament geschrieben wurde. Der Text einer in der zweiten Hälfte des 5. Jahrhunderts wohl auch in Italien niedergeschriebenen Gesetzessammlung, des *Codex Theodosianus*, wurde abgeschabt, um die Tierhaut nochmals beschreiben zu können. Dabei verschwanden auch Notizen, die zwischen dem 5. und dem 7. Jahrhundert in das Werk eingetragen wurden, wohl Angaben zum Inhalt des jüngeren *Codex Iustiniani* von 534. CJ

Sacramentarium Gregorianum Hadrianum

(Hildoard-Sakramentar)

58 Handschrift, Cambrai · 812

Pergament, 245 Blätter · H 29,5 cm, B 10,3 cm

Cambrai, Bibliothèque municipale, Ms. 164

Karl der Große wusste um die vielen unterschiedlichen liturgischen Praktiken in seinem Reich und um die daraus resultierende Vielfalt an Texten, von denen manche fehlerhaft waren. Ermutigt und unterstützt von seinen Beratern beschloss er die Schaffung eines neuen, korrigierten und vor allem orthodoxen Repertoires kirchlicher Texte. Er forderte Paulus Diaconus 786/87 auf, anlässlich eines geplanten Besuchs in Rom Papst Hadrian I. um eine verlässliche Vorlage eines Messbuchs zu bitten. Mit leichter Verzögerung schickte der Papst ein solches Sakramentar, das wohl zwischen 786/87 und 791 den fränkischen Hof erreichte. Allerdings handelte es sich um ein für den päpstlichen Gebrauch redigiertes Stück, das für den Gebrauch in den fränkischen Bischofs- und Pfarrkirchen ungeeignet war. Da diese den römisch-päpstlichen Stationsgottesdienst nicht kannten, wurde es am Karlshof früh umstrukturiert, korrigiert und ergänzt.

Die Handschrift in Cambrai stellt eine der wenigen frühen Abschriften des *Sacramentarium Gregorianum Hadrianum* dar, die vermutlich auf das in Aachen vorhandene Exemplar zurückgeht. Sie wurde 812 für Bischof Hildoard von Cambrai (amt. 790–816) angefertigt und mit anderen Texten zusammengebunden. FP

IN NOMI
NE DNI · HIC SA
CRAMENTORV̄
DE CIRCULO
ANNI ·
EXPOSITO
A SCŌ GREGORIO
PAPA ROMA
NO EDITV̄
EX AVTHEN
TICO LIBR ·
BIBLIOTHECAE
CUBICULI S
CRIPTUM
QVALITER
MISSA RO
MANA CAELE
BRATVR ·

HOC EST
IN PRIMIS
INTROITUM
QUALIS FUE
RIT
STATUTIS TĒ
PORIBUS SIUE
DIEBUS FES
TIS SEU COTTI
DIANIS ·
DEINDE
KYRIAE ELEI
SON · ITEM
DICITUR ·
GLORIA IN EX
CELSIS DŌ ·
SI EPS FUERIT
TANTUMMO
DO DIE DOMI
NICO · SIUE DI
EBUS FESTIS ·
A PRESBYTE
RIS AUTEM

IN NOMINE DNI INCIPIT PRAEFACIO LIBRI HUIUS

ISIDORI EPI IN LIB CAN

CANON AUTEM GRE
ce latine regula nuncupatur.
Regula autem dicta quae recto ducit
nec aliquando aliorsum trahit. Alii
dixerunt regula ~~dicta~~ dicta vel quia regat vel quia
normam recte vivendi praebeat vel quia
distortum pravumque quid corrigat.
Canones autem generalium conciliorum a tem
poribus Constantini coeperunt.
In praecedentibus namque annis persecutione
fervente docendarum plebium minime
dabatur facultas. Inde Christianita
tas in diversas hereses scissa est
quia non erat licentia episcopis in unum
convenire nisi tempore supra
dicti imperatoris.
Ipse enim dedit facultatem Christianis
licere congregari. Sub hoc etiam
sancti patres in concilio Niceno de om
ni orbe terrarum convenientes iux
ta fidem evangelicam et apostolicam
secundum post apostolos symbolum
tradiderunt. Inter cetera autem
concilia quattuor esse venerabiles
synodos quae totam principaliter
fidem complectantur quasi quattuor
evangelia ut totidem paradysi
flumina. Harum prior Nicena synodus
trecentorum decem et octo episcoporum
Constantino Augusto imperante
pactae. In qua Arriana perfidiae con
dempnata blasphemia quam de in
equalitate sanctae trinitatis idem
Arrius asserebat consubstan
tiale deo patri deum filium eadem sancta
synodus per symbolum definivit.
Secunda synodus CL patrum sub Theo
dosio seniore Constantinopolim
congregatae quae Machedonium
spiritum sanctum deum esse negantem con
dempnavit consubstantialem patri
et filio spiritum sanctum demonstravit
dans symboli formam quam tota gre
corum et latinorum confessio in eccle
siis praedicant. Tertia synodus
ephesina prima CC torum episco

Collectio Dionysio-Hadriana

Handschrift, Reims · Anfang 9. Jh.

Pergament, 198 Blätter in zwei Spalten · H 39 cm, B 25 cm

Reims, Bibliothèque municipale, Ms. 671

Abweichend von der irrigen Zuweisung des Bandes an einen *Collectore Isidoro Mercatore* (fol. 1 r), die ein Bibliothekar des 18. Jahrhunderts vorgenommen hatte, handelt es sich um eine Kirchenrechtssammlung des Typs der sogenannten *Dionysio-Hadriana*. Sie wurde am Beginn des 6. Jahrhunderts durch Dionysius Exiguus zusammengetragen, von Papst Hadrian I. ins Frankenreich geschickt und dort 802 von Karl dem Großen bestätigt. Sie versammelt die Beschlüsse der wichtigsten Konzilien ebenso wie Dekretalen der Päpste, was auch der ausführliche Titel des Manuskripts anspricht: *Dyonisii Exigui collectio canonum priscorum conciliorum et epistolarum decretalium summorum pontificium*.

Die Handschrift gelangte an die Bibliothèque municipale de Reims im Zuge der Säkularisierungen der französischen Revolutionszeit. Sie stammte ursprünglich aus der Bibliothek der Abtei Saint-Remi in Reims, einer der umfangreichsten Frankreichs, wovon das handschriftliche Exlibris *Liber Sancti Remigii* sowie weitere Besitzervermerke des 11. und 13. Jahrhunderts zeugen. Der Band war somit eine von etwa 100 Handschriften, die den Brand der Abtei im Jahr 1774 überstanden hatten; diesem fielen damals sämtliche gedruckten Werke der Bibliothek und etwa 600 weitere Handschriften zum Opfer. SM

Tafelaufsatz mit Karl dem Großen

Dietrich von Rath, Aachen · 1624

Silber vergoldet, getrieben, graviert, gegossen · H 35 cm, Dm Schale 21 cm

Aachen, Suermondt-Ludwig-Museum, Inv.-Nr. KK 82

Der silbervergoldete Tafelaufsatz ist an die Gestalt des Aachener Marktbrunnens angelehnt, der, umfassend erneuert, 1620 fertiggestellt wurde. Dieser bestand aus einer überlebensgroßen Figur Karls des Großen über einer groß dimensionierten Bronzeschale, die mit acht Wasserauslässen in Form von Löwenköpfchen versehen ist. Diese vorwiegend in Metall gearbeiteten Teile des Brunnens sind hier in miniaturisierter Form wiedergegeben. Auf das zugehörige Brunnenbecken aus Blaustein wurde verzichtet, um das Stück ganz in der Tradition niederländischer und oberdeutscher Tafelaufsätze zu halten, die Elemente von Pokal und Schale zu einer Form verbanden. Marke und Beschauzeichen weisen das Stück als Arbeit des Dietrich von Rath aus, der zu den bedeutendsten Goldschmieden des 17. Jahrhunderts in Aachen gezählt werden kann.

Der Aachener Magistrat ließ den Tafelaufsatz fertigen, um ihn dem Herzog von Croy, einem Heerführer des Dreißigjährigen Krieges, zum Geschenk anzubieten in der Erwartung, dadurch eine drohende Einquartierung abzuwenden beziehungsweise in den Folgen für die Stadt zu mildern. Es scheint aber, als habe der Herzog die Gabe nicht angenommen, da sie im 18. Jahrhundert im Besitz der Stadt Aachen nachzuweisen ist. FP

Älteres Karlssiegel

Aachen · vor 1134

Typar: Bronze · Dm 8,5 – 8,8 cm

Aachen, Stadtarchiv, Siegelstempelsammlung Nr. 49

Das ältere Karlssiegel, das »große Siegel« der Stadt Aachen, kann seit 1134 nachgewiesen werden. Wahrscheinlich fertigte der Siegelschneider auch das (erstmals 1125 belegte) Siegel des Kölner Domkapitels. In jedem Fall ist es älter als die kommunale Selbstverwaltung der Stadt. Dies wirft natürlich die Frage auf, wer dieses Siegel, dessen Umschrift keinen Bezug auf einen Aussteller nimmt, im Ursprung führte.
Vermutungen erstreckten sich einmal auf das Aachener Hochgericht, dessen Richter und Schöffen auch kommunale Aufgaben wahrnahmen. Es weisen aber auch Verbindungslinien zum Marienstift, das das Siegel neben dem eigenen Stiftssiegel nutzte. 1220 verfügte ein Hoftag ausdrücklich, dass der Dechant des Marienstifts das Siegel aufbewahren sollte, und noch zu Beginn des 14. Jahrhunderts wurde das Typar in einer Truhe hinter dem Hauptaltar der Marienkirche verwahrt. In den Urkunden selbst ist zunächst nur vom »Karlssiegel« die Rede; erst 1215 begegnet erstmals die Benennung als »Stadtsiegel« (*sigillum civitatis*). Es blieb in Nutzung bis 1794, was bereits andeutet, dass es sich um ein Hoheits- und Wahrzeichen der Stadt handelte. Nicht von ungefähr schmückt das Siegelbild heute die Vorderseite der Aachener Karlspreismedaille. FP

Karls
KUNST

Einführung

PHILIPPE CORDEZ

Was ist *Karls Kunst*? Der Titel der Ausstellung deutet an, dass Karl, der bereits zu Lebzeiten als *magnus* qualifiziert wurde, besonders »große« Kunst zusammenbrachte oder anfertigen ließ. Doch was ist daran »groß«? Groß waren zunächst der Reichtum und die Feinheit vieler Werke in Karls Umfeld. Der Genitiv in *Karls Kunst* unterstreicht aber auch die eigene Leistung eines Machthabers, der passende Werke, Künstler und Berater um sich zu scharen wusste, um seine herausragende politische Stellung – ja, seine eigene »Größe« – sichtbar und erfahrbar zu sichern. Karl und seine Leute nutzten die Kunst, um untereinander und mit anderen zu kommunizieren, oder auch um sich, und insbesondere ihn, unbeachtet ihrer oft wechselnden Aufenthaltsorte zu vergegenwärtigen. So wurde Karl der Größte unter den »Großen« des Reiches, jenen einflussreichsten Männer unter den Laien und Geistlichen, die er sich als frühmittelalterlicher König und Kaiser immer wieder neu zu Verbündeten machen musste.

Was war hier die »Kunst«? Unsere heutigen Auffassungen davon wären damals nicht begreifbar gewesen. Andererseits übertrifft die Vielfalt der machtbedeutenden Artefakte und ihrer Verwendungen – von den Trachten und Insignien über den Schmuck, die Bücher oder die Reliquiare bis hin zu den Gebäuden und ihrer Ausstattung – bei Weitem das, was wir selbst unter »Kunst« verstehen. Wir beobachten zudem einen intensiven Rückgriff auf die kaiserlichen und christlichen Erzeugnisse der Antike und die Fähigkeit, vorhandene Form- und Bildtraditionen souverän zu kombinieren. Dies erfolgte nicht undifferenziert, sondern spiegelt spezifische Reformziele. Es ging

Karl um eine Annäherung christlicher Gehalte und Rituale mit der Inszenierung kaiserlicher Macht; dies führte etwa zur Herstellung besonders prächtiger liturgischer Handschriften. Der für Karls Herrschaft insgesamt kennzeichnende Drang nach Klarheit, Korrektheit und Präzision ging einher mit einer Faszination für in Schriftbild und Inhalt wirksame Texte und stimmige Proportionen in der künstlerischen Gestaltung.

Die Ausstellung *Karls Kunst* lädt nicht nur dazu ein, die fremden und seltenen Gegenstände zu bewundern, sondern auch jeweils zu fragen, was an ihnen auf den alten Kaiser und seine anhaltende Popularität zurückzuführen ist – wofür die einzelnen Katalognotizen dieses Kurzführers vielfältige Informationen liefern. Was ist schließlich von »Karls Kunst« übrig geblieben, auf welchen Wegen wurde es überliefert? Und wie genau können solche Dinge in einer Ausstellung von ihm zeugen? Inwiefern bedingten sie, im engsten Umfeld Karls oder auch darüber hinaus, spezifische Erfahrungen, Auffassungen und Handlungen? Was haben diese Werke mit seiner Wirkung zu tun – zu Lebzeiten und seit zwölf Jahrhunderten?

Godescalc-Evangelistar

Aachen, Hofschule Karls des Großen
781–783, Einband 15. Jh.

Pergament, 127 Blätter · H 31 cm, B 21 cm

Paris, Bibliothèque nationale de France,
Ms. nouv. acq. lat. 1203

Bücher, die nachweislich für Karl den Großen hergestellt wurden, sind selten: Dieses ist das älteste und zugleich ein wichtiges Zeugnis aus den Anfängen der Reform der fränkischen Liturgie nach römischem Vorbild. Neben Exzerpten aus den Evangelien für die Lesungen in der Kirche beinhaltet es zwei Kalender und ein Widmungsgedicht, in dem ein gewisser Godescalc stolz erklärt, nach Karls Romreise im Jahr 781 seine Arbeit aufgenommen zu haben. Er nennt auch dessen 783 verstorbene zweite Ehefrau Hildegard.

Sechs ganzseitige Bilder eröffnen das Buch: Sie zeigen die göttlich inspirierten Evangelisten, den thronenden und segnenden Christus und ein kostbares Gebäude

inmitten von Pflanzen und Tieren, das als paradiesischer Lebensbrunnen zu deuten ist. Diese Bilderreihe schließt ebenso an einer spätantiken Tradition an wie die Gold- und Silberschrift und das purpurne Pergament. Die aufwendigen Rahmungen und Initialen übernehmen aber auch Motive insularer Herkunft, etwa das Flechtwerk. In dieser Synthese wurde die Buchform der Prachthandschrift wegweisend wiederbelebt. Die hier verwendete, besonders gut lesbare karolingische Minuskel war erst kurz zuvor entwickelt worden und sollte von Aachen aus bald weiter verbreitet werden. Die Handschrift wurde jahrhundertelang in der Abtei Saint-Sernin von Toulouse aufbewahrt.

Dagulf-Psalter

Aachen, Hofschule Karls des Großen · zwischen 783 und 795

Pergament, 161 Blätter · H 19,4 cm, B 12 cm

Wien, Österreichische Nationalbibliothek, Cod. 1861

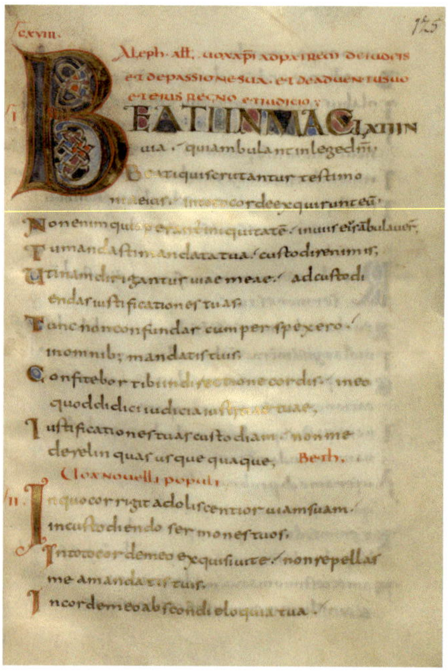

Der Psalter wird nach dem Schreiber Dagulf benannt, der sich in dem Buch selbst in einem Widmungsgedicht an seinen Auftraggeber Karl den Großen erwähnt. Karl wiederum widmet den Psalter in einem anderen, vorangestellten Gedicht Papst Hadrian I. (amt. 772 – 795). Das Buch hat den Papst jedoch wohl nie erreicht. Wahrscheinlich wurde es 1065 von König Heinrich IV. dem Bremer Dom gegeben, wo es später als Geschenk Karls galt und bis 1648 verblieb.

In der Widmung Dagulfs ist auch von der goldenen Tinte die Rede, die den Gesang der Psalmen materialisiere. Ihre Wirkung wird durch die vielen aufwendigen, zum Teil auf Purpur geschriebenen Initialen erhöht. Erwähnt werden ebenfalls die Elfenbeinplatten des Einbands, welche sich heute im Pariser Louvre befinden. Diese zeigen die Erfindung der Psalmen durch König David und ihre Verschriftlichung sowie ihre Korrektur und lateinische Übersetzung durch den hl. Hieronymus im Auftrag des Papstes Damasus. Karl der Große selbst wurde gleichzeitig – etwa vom Hofgelehrten Alkuin – als neuer David inszeniert: Seine Liturgiereform war eine Festigung sowohl des Glaubens als auch seiner Herrschaft, ein Anspruch, der dem Papst mit diesem Buch kommuniziert werden sollte.

INCIPIUNT · CANTICI ·

CANTICUM ESAIE PROPH(ETE)

CONFITEbor tibi dñe qm̄ ira
tus es mihi · conuersus
est furor tuus & consolatus es me,

Ecce ds̄ saluator meus · fiducialiter agam
& non timebo ;

Quia fortitudo mea & laus mea dñs ds̄ ·
& factus est mihi in salutem ;

Haurietis aquas in gaudio de fontibus saluatoris ·
& dicetis in illa die confitemini dño & inuo
cate nomen eius ;

Notas facite in populis adinuentiones eius ·
mementote quõ excelsum est nomen eius ;

Cantate dño quõ magnifice fecit ·
adnuntiate hoc in uniuersa terra ;

Exulta & lauda habitatio sion ·
quia magnus in medio tui scs̄ israhel ;

Canticum ezechie regis ;

Ego dixi in dimidio dierum meorum ·

Harley-Evangeliar

Aachen, Hofschule Karls des Großen · vor 800

Pergament, 208 Blätter · H 36,5 cm, B 25 cm

London, British Library, Harley Ms. 2788

Diese Handschrift gehört der kleinen Gruppe an, welche die kunsthistorische Forschung seit Anfang des 20. Jahrhunderts einer hypothetischen Hofschule Karls des Großen zuschreibt. Wohl passender als ein Modell von »Schulen« ist jedoch der Netzwerkbegriff: Zum Beispiel müssen ähnlich gestaltete Bücher nicht immer denselben Bezug zu Karl haben. Und er selbst mag wiederum ganz unterschiedliche Werke um sich gehabt haben. Ähnlichkeiten und Unterschiede entsprechen der komplexen und selten rekonstruierbaren Realität der Produktionsbedingungen und genauso jener der Relationen im Umfeld des Kaisers.

Das Buch weist ein Titelblatt auf, eine Kanonfolge, Rahmenverzierungen auf allen Seiten und vier aufwendig gestaltete Doppelseiten jeweils mit einem Evangelisten links und dem Anfang des Textes rechts. So sitzt etwa Johannes unter einer Arkade, die sich auf der gegenüberliegenden Seite wiederholt; dort links neben der Initiale finden sich Motive, welche den ebenfalls am Ende des 8. Jahrhunderts gegossenen Bronzegittern in der Aachener Pfalzkapelle stark ähneln.

Die Geschichte der Handschrift ist erst seit 1720 dokumentiert. Sie könnte sich davor in Tours befunden haben. Wie andere in der Ausstellung ist sie vollständig im Internet einzusehen, hier auf der Seite der British Library.

Soissons-Evangeliar

Aachen, Hofschule Karls des Großen
Anfang 9. Jh., Einband 18. Jh.

Pergament, 235 Blätter · H 37,5 cm, B 28,5 cm

Paris, Bibliothèque nationale de France,
Ms. lat. 8850

Ludwig der Fromme, Kaiser und Sohn Karls des Großen, hat dieses Buch zu Ostern 827 der Abtei Saint-Médard in Soissons geschenkt, wo es bis zur Französischen Revolution blieb. Er hatte es womöglich von seinem Vater bekommen oder bei dessen Tod 814 geerbt.

Ein kostbarer, heute verlorener Einband wird 930 erwähnt. Die Kostbarkeit setzte sich aber in der Handschrift selbst fort: Ihr Text ist durchweg mit Goldtinte geschrieben; Rahmungen imitieren Goldschmiedearbeiten mit fingierten Perlen und Gemmen.

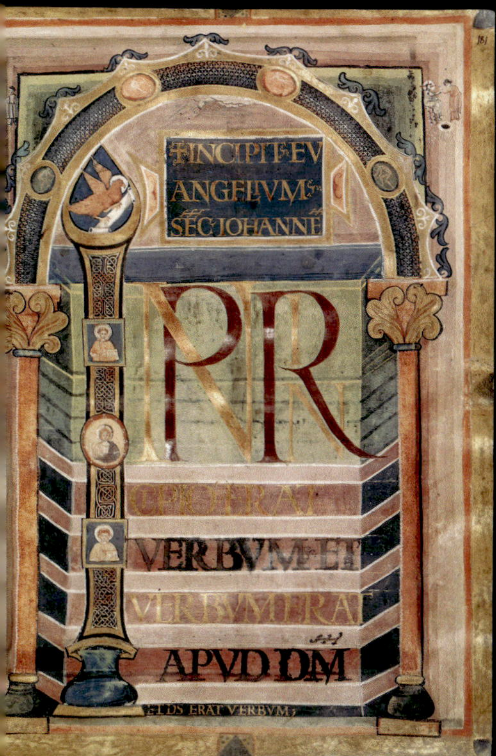

So wurde ohne konzeptuelle Trennung von Schriftträger und Schrift selbst das Evangelium als heiliger Text und Zeugnis Christi in einem prächtigen Gegenstand materialisiert. Es enthält Evangelistenporträts, kalligrafierte Anfangsbuchstaben der einzelnen Evangelien, zwölf Kanontafeln und zwei ganzseitige, ikonografisch originelle Malereien mit der Anbetung des Lammes und einem Lebensbrunnen. Letztere aktualisiert künstlerisch ein Blatt des Godescalc-Evangelistars. Besonderer Wert wurde auf die Darstellung antiker Formen gelegt, etwa geschnittener Steine, Marmorsäulen oder Architekturen.

Schatzkammer-Evangeliar

78 Aachen, Gruppe des Wiener Krönungsevangeliars · Anfang 9. Jh.

Pergament, 280 Blätter · H 30,5 cm, B 24 cm

Aachen, Domschatzkammer, Inv.-Nr. 4

Diese Handschrift ist wohl in Aachen einige Jahre nach dem sogenannten Krönungsevangeliar entstanden und wie dieses unter Beteiligung byzantinischer Künstler. Architektonisches Rahmenwerk wird bei den Kanontafeln eingesetzt; Initialen fehlen hier vollständig, dafür sind die ersten Textzeilen jeweils mit einfachen Goldkapitalen betont; nur das Matthäusevangelium wird durch eine Zierseite mit Purpurfärbung und Ornamentrahmen eröffnet. Das einzige Bild zeigt ganzseitig die vier Evangelisten mit ihren Symbolen, die jeweils an ihrem Pult inmitten einer weiten Landschaft lesen, schreiben oder meditieren. Auf die Landschaften als vereinigendes Gestaltungsprinzip, das aus der antiken Tradition kommt, wurde aber erst in einem zweiten Schritt zurückgegriffen: Unter der bläulichen Farbschicht sind insbesondere links, neben den Figuren von Matthäus und Markus, braune Architekturformen zu erkennen; sie deuten auf ein ursprüngliches Konzept hin, das wohl auf das Himmlische Jerusalem verweisen sollte, wie im sogenannten Krönungsevangeliar.

Die Einbanddeckel sind Goldschmiedearbeiten des 11. bzw. 12. Jahrhunderts, in die byzantinische Elfenbeinplatten aus dem 10. Jahrhundert eingesetzt sind. Das Buch hat Aachen wohl nie verlassen.

Wiener Krönungsevangeliar

Aachen, Gruppe des Wiener Krönungsevangeliars · Ende 8. Jh.

Pergament, 236 Blätter · H 32,3 cm, B 25,1 cm

Wien, Kunsthistorisches Museum, Weltliche Schatzkammer, Inv.-Nr. XIII 18
[ausgestellt ist das Faksimile]

80 Dieses prachtvolle Evangeliar, dessen Seiten mit Purpur gefärbt wurden und das mit Goldtinte geschrieben ist, wurde vermutlich gegen Ende des 8. Jahrhunderts in der Umgebung Karls des Großen geschaffen. Die Textfassung und die Art der Initialen gehen auf die ersten Schöpfungen aus diesem Kontext zurück, aber die vier ganzseitigen Evangelistenbilder sind neuartig und knüpfen wie die Kanontafeln unmittelbar an die alte künstlerische Tradition des Mittelmeergebiets an. Diesem Beispiel sollten einige weitere Handschriften folgen.
Einer von wohl zwei Malern hat sogar mit dem griechischen Namen Demetrius signiert: Offenbar waren Künstler aus Byzanz oder Italien für diesen besonderen Auftrag rekrutiert worden.

Um 1500 schuf der Aachener Goldschmied Hans von Reutlingen, der auch für Kaiser Maximilian I. tätig war, einen kostbaren Einband für die Handschrift, auf dem die Darstellung Gottes womöglich auch das Bild Karls des Großen evozieren sollte. Später erzählte man jedenfalls, dass die Handschrift in dessen Grab gefunden worden sei, und die römisch-deutschen Könige legten ihren Krönungseid auf diesem Buch ab. Es befand sich bis 1794 in Aachen und gelangte 1811 nach Wien.

Evangeliar

82 Aachen, Gruppe des Wiener Krönungsevangeliars · 1. Jahrzehnt des 9. Jhs.

Pergament, 230 Blätter · H 30 cm, B 23,6 cm

Brescia, Biblioteca Civica Queriniana, Ms. E. II. 9

Dieses Evangeliar enthält den Text der vier Evangelien in Minuskelschrift; beigegeben sind allgemeine Vorreden, Einleitungen und Kapitelverzeichnisse sowie ein *Capitulare evangeliorum*. Abgesehen von der ersten Zeile der Evangelientexte, die jeweils in goldenen Großbuchstaben geschrieben wurde, beschränkt sich die ornamentale Ausstattung auf die Folge der zwölf Kanontafeln, wo die Entsprechungen zwischen den einzelnen Evangelien nachzulesen sind. Sie weisen eine Architektur mit Säulen, Architrav und Giebel auf.

Im Gegensatz zu den entsprechenden Seiten im sogenannten Schatzkammer-Evangeliar in Aachen erhebt sich hier über dem breiten gekehlten Architrav nur ein einziger, schlichter, ausgewogener Giebel – wie bei zwei Tafeln des sogenannten Krönungsevangeliars in Wien. Diese spezifische Variante der Kanontafeln mit Gebälk und Giebel wurde dann ab etwa 820 in den Evangeliaren aus Reims regelmäßig wieder verwendet.

Die Handschrift stammt aus der Bibliothek der Kathedrale von Brescia im langobardischen Königreich, das Karl der Große 774 erobert hatte. Sie könnte bereits im 9. Jahrhundert als Geschenk eines karolingischen Herrschers dorthin gelangt sein, denn die Stadt unterhielt sowohl zur Zeit Lothars I. (amt. 822 – 855) als auch Ludwigs II. (amt. 844 – 875) enge Beziehungen zum Kaiserhof.

Evangeliar Karls des Großen

Aachen, Umfeld Hofschule Karls des Großen
um 800, Einband um 1600

Pergament, 137 Blätter · H 32,5, B 22,5 cm

München, Universitätsbibliothek,
2° Cod. Ms. 29 (= Cim. 1)

Die Seiten dieses Evangeliars wurden bei einer Neubindung insbesondere oben beschnitten. Es fehlen auch große Teile des Textes, wie wohl auch Kanontafeln und Darstellungen der Evangelisten, denn das Buch entspricht ansonsten in Textform, Schrift, Gestaltung und Ornamentierung sehr gut den weiteren Evangeliaren aus der Umgebung Karls des Großen. Es ist nur viel schlichter: keine Rahmenverzierungen um die zwei Textspalten, kaum Purpur oder Gold- und Silberschrift mit Ausnahme der Anfangszeile jedes Evangeliums. Für eine Handschrift, die vor allem der Verbreitung des verbesserten Textes und damit der liturgischen Reform diente, orientierte man sich wahrscheinlich an wertvolleren Exemplaren. Zu Anfang der Evangelien von Markus und Lukas haben sich die Initialen I und Q für *Initium* und *Quoniam* erhalten. Sie begrenzen sich auf einige Zeilen der linken Spalte und bestehen größtenteils aus buntem Flechtwerk; in dem I sind außerdem drei Medaillons mit Büsten von Heiligen eingefügt, die zugleich drei Lebensalter darstellen.

Einträge des 9. Jahrhunderts deuten auf eine Verwendung des Buches in beziehungsweise bei Mainz oder Fulda, dann verliert sich die Spur bis etwa 1600.

INCIPIT EVANG SEC MARCUM

INI
TIUM
EUANGELII
IHU XPI FILII DI.
SICUT SCRIP
TUM EST IN
ESAIA PROPHE
TA. ECCE MIT
TO ANGELUM
MEUM ANTE FA
CIEM TUAM QUI
PRAEPARAUIT UI
AM TUAM.
MR II / VIII / VII / X
VOX CLAMANTIS
IN DESERTO
PARATE UIAM
DNI. RECTAS
FACITE SE
MITAS EIUS.

MR III / VI / MT VIIII
FUIT IOHANNES IN DE
SERTO BAPTIZANS.
ET PRAEDICANS BAP
TISMUM PAENITEN
TIAE IN REMISSIO
NEM PECCATORUM.
ET EGREDIEBATUR AD
ILLUM OMNIS IUDAEAE
REGIO. ET HIEROSO
LYMITAE UNIUERSI.
ET BAPTIZABANTUR
AB ILLO IN IORDANE
FLUMINE CONFI
TENTES PECCATA
SUA.
I / MR IIII / MT I XI / LV X / IO XII
ET ERAT IOHANNES
UESTITUS PILIS
CAMELI. ET ZONA
PELLICIA CIRCA
LUMBOS EIUS.
ET LOCUSTAS ET MEL
SILUESTRE EDE
BAT. ET PRAEDICA
BAT DICENS.
UENIT FORTIOR ME
POST ME CUIUS
NON SUM DIGNUS
PROCUMBENS SOL
UERE CORRIGIAM
CALCIAMENTORUM
EIUS.

CANON DECIMUS

IOH PROPRIA

[illegible]
[illegible]
viiii
xi
xiii
xvi
xviii
xxii
xxiiii
x xvii
xxviiii
xxxi
xxxiii
xxxvi
xxxviiii
xli
xliii
xlv
l
lii
liiii
lvi
lviii
lx
lxii
lxiiii
lxvi
lxviiii
lxxi
lxxiii
lxxv
lxxviii
lxxx
lxxxi
lxxxiiii
lxxxvi
lxxxviiii
[illegible]
[illegible]
xcvii.

xcviiii
cii
ciii
cvi
cviii
cx
cxii
cxv
cxvii
cxviiii
cxxiii
cxxv
cxxvii
cxxx
cxxxii
cxxxiiii
cxxxvi
cxxxviii
cxl
cxliii
cxlv
cxlvii
cxlviiii
cli
cliii
clv
clvii
clviiii
clxiii
clxv
clxvii
clxviiii
clxxi
clxxiii
clxxvii
clxxviiii
clxxxi
clxxxviiii
cxci
cxciii
cxcv
cc
ccii
ccv
ccvii

ccx
ccxii
ccxiiii
ccxvi
ccxviii
ccxx
ccxxiiii
ccxxvi
ccxxviiii
ccxxx
ccxxxii

EXPLICIT IOHAN CANON X

Evangeliar

Fleury (?) · Anfang 9. Jh.

Pergament, 289 Blätter · H 31 cm, B 23 cm

Tours, Bibliothèque municipale, Ms. 22

Auf diesem luxuriösen Evangeliar sind zwischen 1136 und 1650 15 Könige von Frankreich als Ehrenchorherren der mächtigen Abtei von Saint-Martin in Tours vereidigt worden. Dass dafür gerade dieses Buch ausgewählt wurde, zeugt von seinem besonderen Status. Es war schon früh in Tours angekommen, denn eines der ältesten Evangeliare aus dem dort unter Abt Alkuin (amt. 796–804) etablierten Skriptorium orientiert sich offensichtlich daran. Hergestellt wurde es in Fleury, eine weitere alte Abtei knapp 160 Kilometer östlich, wo Theodulf von Orléans von 798 bis 821 Abt gewesen ist.

Diese beiden Äbte, der Angelsachse Alkuin und der Westgote Theodulf, waren wichtige Berater am Hof Karls der Großen, bis er ihnen die Ämter außerhalb Aachens anvertraute, in denen sie seine Reformen weiter durchsetzten. Theodulf hatte wahrscheinlich zuvor die *Libri carolini* verfasst, jene von Karl bestellte Denkschrift, die nach den bilderfreundlichen Beschlüssen der byzantinischen Synode von Nicäa im Jahr 787 eine zurückhaltendere Position verteidigte. Aus dieser Perspektive ist der feine, aber eben schlichte Buchschmuck dieses Evangeliars zu sehen, der auf Kanontafeln nach einer spätantiken Vorlage und subtil ornamentierte Initialen zu Beginn der Evangelien reduziert ist.

Livinus-Evangeliar

St. Amand (?), Nordfrankreich · um 800

Pergament, 223 Blätter · H 33 cm, B 21,5 cm

Gent, Sint-Baafskapittel, Ms. 13 (Inv.-Nr. 741)

Dieses um 800 vermutlich im nordfranzösischen Kloster St. Amand hergestellte Evangeliar weist eine lange Folge von 18 Kanontafeln auf, außerdem werden die vier Evangelien jeweils von drei Zierseiten eröffnet. Letztere sind wegen einer Umarbeitung aus der Zeit um 1000 nur noch bei Matthäus und Johannes vollständig erhalten. Auf der ersten Zierseite wird der Textbeginn in einem Schleifenkranz innerhalb eines dreifachen Rechteckrahmens angegeben; auf der zweiten finden sich unübliche Darstellungen der Evangelisten, die vor Christus erscheinen und von ihm inspiriert werden – oder ihm ihr Werk darreichen; die dritten Zierseiten enthalten einfach gestaltete Ini-

tialen. Bemerkenswert ist der Kontrast zwischen der großen Treue gegenüber spätantiken Vorlagen, welche die Kanontafeln und die Evangelistenbilder aufweisen, und dem Festhalten an einem davon weit entfernten, lokal entwickelten Stil in den Initialen.
Ein Eintrag aus dem 12. Jahrhundert verweist auf die Abtei St. Bavo im flandrischen Gent, wo sich die Handschrift also zumindest seit dieser Zeit befindet. Dort wurde sie zum Träger der Erinnerung an den hl. Livinus und außerdem für Eidleistungen verwendet, wie die Abnutzung des Matthäusbildes durch Handauflegen beweist.

Ludwigspsalter

(Psalter Ludwigs des Deutschen)

90 St. Bertin · 2. Viertel 9. Jh.

Pergament, 120 Blätter · H 29,6 cm, B 23,7 cm

Berlin, Staatsbibliothek zu Berlin – Preußischer Kulturbesitz, Ms. theol. lat. fol. 58

Diese Handschrift ist im Kloster St. Bertin im nordöstlichen Frankreich entstanden, wie die Nennung lokaler Heiliger in einem Kalender nahelegt. Eine Inschrift zu Anfang des Psalters selbst verweist auf einen König Ludwig als ihren Empfänger, womit Ludwig der Fromme (amt. 814 – 840) oder Ludwig der Deutsche (amt. 826 – 875) gemeint sein können; mehrere Gebete bestätigen außerdem, dass die Handschrift dem privaten Gebrauch diente.

Datiert wird das Buch in das zweite Viertel des 9. Jahrhunderts, also in die Zeit nach dem Tod Karls des Großen im Jahr 814. Es ist sowohl das früheste aus dem Skriptorium von St. Bertin als auch das am aufwendigsten ornamentierte – mit systematischen Rahmungen und großen Initialen, vielfältigen geometrischen und vegetabilen Mustern, Flechtbändern und einigen Tierköpfen. Der Motivfundus orientiert sich an regionalen und insularen Modellen, aber es müssen auch eine oder mehrere Handschriften aus der Hofschule Karls herangezogen worden sein: Der Text selbst ist in der Nachfolge des Dagulf-Psalters (zwischen 783 und 795) zu situieren, während das Gesamtbild der Doppelseiten mit den jeweils identischen Rahmungen etwa im Lorscher Evangeliar (um 810) zu finden ist.

DÑE EX
AUDI ORATI
ONEM MEA͞
ET CLAMOR
MEUS AD TE
UENIAT·
NON AUER
TAS FACI
EM TUAM
A ME IN QUA
CUMQUE DIE
TRIBULOR INCLI
NA AD ME AU
REM TUAM·

In quacumque die inuocauero ÷ te:
uelociter exaudi me·
Quia defecerunt sicut fumus
dies mei· & ossa mea sicut
gremium aruerunt·
Percussus sum ut foenum· &

CRUX ALMI FI
CA IN XPO CRE DEN
TES BEA TIFICA

Essener Evangeliar

Rhein-Maas-Gebiet oder Nordostfrankreich · um 800

Pergament, 188 Blätter · H 34,5 cm, B 23,5 cm

Essen, Domschatz, Hs. 1

Dieses um 800 im Rhein-Maas-Gebiet oder Nordostfrankreich entstandene Evangeliar weist in seiner reichen ornamentalen Ausstattung sowohl merowingische als auch irisch-angelsächsische Motive auf: einerseits aus hunde- und vogelartigen Figuren bestehende Zierbuchstaben, andererseits etwa das Flechtwerk innerhalb vieler Initialen oder der beiden ganzseitigen Kreuze. Diese gehen auf unterschiedliche Traditionen zurück: die merowingischen Motive auf die Zeit jener Dynastie, die 751 von den Karolingern vertrieben wurde; die irisch-angelsächsischen gelangten durch fremde Mönche auf den Kontinent, die als Missionare in vielen Klöstern wirkten. Sie haben aber auch verschiedene Funktionen: Ansprechende Tierformen beleben die Heilige Schrift, komplexe Flechtbänder erlauben meditative Versenkung. Abwesend bleibt hier das damals in der näheren Umgebung Karls des Großen geschätzte antike Formengut.

Die Handschrift könnte bereits Altfrid, der Bischof von Hildesheim (amt. 851–874) und Ratgeber des ostfränkischen Königs Ludwig des Deutschen, der wiederum ein Enkel Karls war, in das Essener Frauenkloster gebracht haben, das er selbst gegründet hatte. Sie wurde im 10. Jahrhundert wohl nicht mehr liturgisch, sondern als Schulhandschrift benutzt. Ihr Text ist mit Hunderten von lateinischen, altsächsischen und althochdeutschen Einträgen kommentiert.

Psalter von Montpellier

(Mondsee-Psalter oder Tassilo-Psalter)

94 Kloster Mondsee, Salzkammergut
vor 788, neuzeitlicher Einband

Pergament, 346 Blätter · H 21,3 cm, B 12,5 cm

Montpellier, BU Médecine, Bibliothèque interuniversitaire de Montpellier, H 409

Der Psalter wurde bei Salzburg hergestellt, im Kloster Mondsee, das den bayerischen Agilolfingern nahestand. Das kleine Format und die Ausstattung mit Gold, Silber und über zweitausend Initialen deuten auf ein Mitglied der Herzogsfamilie. Zwei ganzseitige Miniaturen zeigen Christus mit Schriftrolle und Buch sowie David mit einer Leier. Die erste leitete ursprünglich in den gesamten Codex, die zweite nach den Vorreden in den Psalter selbst ein: Der Prophet David ist Autor der Psalmen, deren Bedeutung aber im Sinne Christi zu erschließen ist. Formell greift diese sehr frühe Bildausstattung eines Psalters auf spätantike Vorlagen zurück, etwa aus Ravenna.
Wo ursprünglich ein Bezug auf die Agilolfinger gestanden haben mag, fehlen dem Buch Blätter. Stattdessen enthält es in einem neuen Abschluss die ältesten erhaltenen Herrscherakklamationen mit einer Nennung Karls des Großen und seiner 794 verstorbenen Frau Fastrada. Der Psalter wird also nach der Absetzung Herzog Tassilos III. durch Karl im Jahr 788 in den Westen gelangt und angepasst worden sein. Er befand sich schon im 9. Jahrhundert in Auxerre.

DAV
PRF

cuuninc euuigo truhtin racchono scepfant allero
Rex aeterne domine rerum creator omnium.
ther pist fora uueralti simblu mit fatere sun
qui eras ante saecula semper cum patre filius
ther uueralti in frumiscaffi adaman keseuofi man
qui mundi in primordio adam plasmasti hominem
themu kilihnissa antlutti cabi kalichisar
cui tuae imagini vultum dedisti similem;
thaz unholda pisuuih fiant mannarchunnes chunnis
quem diabolus deceperat hostis humani generis.
ther thu kilihnissa pilidi lichamin anti fahan kiuuerdotos
cuius tu formam corporis adsumere dignatus es,
thaz man erchaufitis ther fora giu kescaffotos
ut hominem redimeres quem ante iam plasmaveras
thaz unsih cote kimachotis thurah fleisc kimachida
et nos deo coniungeres per carnis contubernium;
then keporanan fona magadi erfurahtit eocalih sela
quem editum ex virgine pavescit omnis anima.
thurah then unsih erstantan kedehtemu muate kelaubemes
per quem nos resurgere devota mente credimus;
ther unsih thurah taufi capi antlaazida
qui nobis per baptismum donasti indulgentiam.
uuir dar pihabet uuarun pantirum kipuntane uuizeanthaiti
qui tenebamur vinculis ligati conscientiae;
ther chruci thurah mannan antfahan kiuuerdotos
qui crucem propter hominem suscipere dignatus es
cabi thin pluat unsera heili uuerth
dedisti tuum sanguinem nostrae salutis pretium;
inu lachan thera halla keziorit uuarth inti allu erda pipeta
Nam velum templi scissum est et omnis terra tremuit
thene manage slaffantero eruuahtos otruhtin
tunc multos dormientium resuscitasti domine,
thu fianter haltnissi chrefti thurah chruci todes mulis
tu hostis antiqui vires per crucem mortis conteris
themo uuir kezeichante birun in sigimuf thera kelauba fuarumes
qua nos signati frontibus vexillum fidei ferimus,
thu inan a simbulun fer sturgen kiuuerdotos
tu illum a nobis semper repellere dignaveris.
ni eonaltre megi ketaran archaufte thinemo pluate
ne umquam possit laedere redemptos tuo sanguine
ther thurah unsih zeo hellom nidarstigan kiuuerdotos
qui propter nos ad inferos descendere dignatus es.
thaz todes scolom libes cabis kifti
ut mortis debitoribus vitae donaris munera;
thir nahtlichemo zite lop reoz zante singemes
tibi nocturno tempore hymnum defletes canimus.
pilaz unsih truhtin pilaz gehantem
ignosce nobis domine ignosce confitentibus,
thanta du selbo urchundo inti suanari pist then nioman mac triugan
quia tu ipse testis et iudex quem nemo potest fallere

Murbacher Hymnen

Reichenau und Murbach, Bodenseeregion
spätes 8. – frühes 9. Jh.

Pergament, 10 Teile, 192 Blätter · H ca. 26,5 – 28,5 cm, B ca. 16,5 – 19,2 cm

Oxford, Bodleian Library, Ms. Junius 25

Diese Handschrift beinhaltet in zehn Faszikeln des späten 8. und frühen 9. Jahrhunderts unter anderem Hymnen, Glossare und Werke von Autoren aus dem direkten Umfeld Karls des Großen, so von Alkuin von York oder von Peter von Pisa, der laut Einhards Lebensbeschreibung Karls Grammatiklehrer war. Einige Hefte sind sicher in den Benediktinerabteien der Reichenau am Bodensee und von Murbach im Elsass entstanden. In Murbach befanden sich 1461 zumindest Teile dieser Sammlung; unklar ist, wann sie schließlich zusammengestellt wurde.

Im 17. Jahrhundert weckte sie das Interesse der Gelehrten und kam als eine der ältesten Zeugen der althochdeutschen Sprache 1678 in die Bodleian Library. Sogenannte Glossen zwischen den Zeilen übersetzen den lateinischen Hymnentext Wort für Wort, oder eher Form für Form, ohne ihn zu einem selbstständigen Ganzen zusammenzufügen. Glossare geben Erklärungen zu schwierigen Wörtern, in der Reihenfolge ihres Auftauchens oder alphabetisch unter ihrer Initiale gruppiert, in Latein oder in Althochdeutsch. Diese Instrumente der Texterschließung dienten einem genaueren Verständnis der im benediktinischen Stundengebet gesungenen Hymnen: So zeugt die Handschrift von den monastischen Reformbestrebungen zur Zeit Karls des Großen.

Erzengel Michael

Aachen, Hofschule Karls des Großen · um 810

Elfenbein · H 33,4 cm, B 10 cm

Leipzig, GRASSI Museum für Angewandte Kunst, Inv.-Nr. 53.50

Der Erzengel Michael reagiert auf den Befehl Gottes, dessen Finger seinen Nimbus berührt. Seine eigene ruhige Hand stößt eine Lanze in den aufgerissenen Rachen des aus einer Erdhöhle hervorgekrochenen Drachens. Dieser ist trotz seiner scharfen Zähne kein großer Gegner für Michael: Seine perfekten Windungen entlang der Bildfläche machen ihn vielmehr zu einem Abstraktum böser Mächte, entgegen der tänzelnden Präsenz des leicht triumphierenden Erzengels. Dessen bewegtes Gewand, das antike Vorbilder hat, schlingt sich um den Schaft der schlagkräftigen Lanze.

Ein anderer Bildtypus, in dem Christus auf die Bestien tritt, könnte inspirierend gewirkt und ein zugehöriges Relief geschmückt haben: Dann hätten beide Tafeln zu einem Diptychon gehört, bei dem Christus und Michael den auf die Innenseiten geschriebenen Inhalt symbolisch beschützten. Eine solche erste Funktion liegt aus thematischen Gründen nahe; jedoch weist die Ersterwähnung 1743 in der Leipziger Stadtbibliothek auf eine spätere Verwendung als Einbandschmuck hin. Das Relief selbst wurde in die Schreibseite eines großen spätantiken Diptychonflügels geschnitzt, dessen Außenseite noch den Namen eines römischen, 470 amtierenden Konsuls trägt.

Elfenbeinfragment einer Himmelfahrt

Aachen, Hofschule Karls des Großen · um 800

Elfenbein · H 14 cm, B 9,3 cm

Darmstadt, Hessisches Landesmuseum, Inv.-Nr. Kg 54:217

Maria erhebt ihre Hände im dichten Kreis der Apostel, alle blicken nach oben, wo sich einst Christus auf dem Weg in den Himmel befand – diesem Relief fehlt die obere Hälfte. Die zentrale Faltenkaskade des Gewandes der Gottesmutter, die sich vor ihrem Bauch vertikal öffnet und noch vom ornamentierten Saum ihres Untergewandes bis zu ihren feinen Füßen visuell fortgesetzt wird, markiert ihre Teilhabe am übernatürlichen Ereignis. Dabei hebt sie schon vom Boden ab. Der Apostel rechts hat dagegen eine feste Haltung, erhebt den Zeigefinger und hält eine Schriftrolle: Er wird durch Sprache und Schrift, emotional distanzierter, von dem Geschehen zeugen. Der gestikulierende Apostel links drückt währenddessen nur Erstaunen aus. Das millimeterdünne Relief wurde in die abgeschliffene Vorderseite einer älteren Schreibtafel geschnitten, deren Rückseite noch eine Vertiefung für das Wachs aufweist, in das mit einem Griffel geschrieben wurde. Möglicherweise war die Tafel zunächst selbst Schriftträger und wurde zum liturgischen Gedenken an wichtige Personen verwendet. Die Bohrungen am unteren Randstreifen, der als einziger erhalten ist, zeugen jedoch von einer zwischenzeitlichen Befestigung, wohl auf einem Bucheinband. Die Tafel kam 1805 in die Darmstädter Sammlung, ihre ältere Geschichte ist nicht bekannt.

Einband des Lorscher Evangeliars

Aachen, Hofschule Karls des Großen · um 810

Elfenbein · Marientafel: H 36,4 cm, B 26,5 cm, T 0,7 cm
Christustafel: H 37,7 cm, B 27,5 cm, T 0,7 cm

vorderer Einband (Marientafel) London, Victoria and Albert Museum, Inv.-Nr. 138-1866; hinterer Einband (Christustafel) Vatikanstadt, Biblioteca Apostolica Vaticana, zu Pal. Lat. 50 gehörig

Die fünfteilige Struktur dieser Einbandtafeln ist nicht nur der begrenzten Breite der Elefantenzähne geschuldet, sondern wurde von größeren spätantiken Diptychen übernommen, welche etwa kaiserliche Ernennungsurkunden umhüllten; dazu lässt der etwas heterogene Stil einen Rückgriff auf verschiedene Vorlagen des 4. bis 6. Jahrhunderts vermuten. Während aber ein Kaiserbild die Mitte der Diptychen besetzte, zeigt hier die Vorderseite die thronende Gottesmutter mit dem Kind – zwischen Johannes dem Täufer und dem Propheten Zacharias, welche die Menschwerdung Gottes angekündigt hatten. Auf der Rückseite erscheint der siegende, die Bestien zertretende Christus, dem von links und rechts zwei Engel huldigen. Die untere Bildleiste erzählt über beide Seiten die Geburtsgeschichte, in der oberen halten fliegende Engel ein Brustbild Christi beziehungsweise ein Kreuz im Strahlenkranz – alles Bilder, welche die Inkarnation und den Triumph Christi vergegenwärtigten, wie auch das einst darin verborgene Evangelium selbst und seine feierliche Lektüre.

Lorscher Evangeliar

104 Aachen, Hofschule Karls des Großen · um 810

Pergament
Teil I: 111 Blätter · H 37 cm, B 21,7 cm
Bukarest, Nationalbibliothek, Filiale Alba Julia, Biblioteca Batthyáneum, Ms. R: II 1
Teil II: 124 Blätter · H 37,4 cm, B 27,1 cm
Vatikanstadt, Biblioteca Apostolica Vaticana, Pal. Lat. 50 [ausgestellt ist das Faksimile]

Ein »bebildertes Evangelium, mit Gold geschrieben, mit Elfenbeintafeln« wird in einem um 860 verfassten Inventar der Benediktinerabtei Lorsch südlich von Frankfurt erwähnt, die Karl der Große unter seinen Schutz genommen hatte. Die Handschrift befand sich 1479 noch vor Ort; sie wurde später geteilt – wohl bei einer Neubindung – und bereits im 16. Jahrhundert entwendet. Die zugehörigen Elfenbeintafeln haben sich getrennt erhalten.

Dieses Buch gilt als die jüngste erhaltene unter den sogenannten Hofschulhandschriften. Das Godescalc-Evangelistar ist die älteste, die ebenfalls hier besprochenen Evangeliare aus Soissons und »Harley« liegen zeitlich dazwischen. Beachtenswert ist dabei die Akkumulation der ornamentalen Motive, welche offensichtlich systematisch gesammelt und variiert wurden und hier zu einem qualitativen wie quantitativen Höhepunkt kommen. Auch das wichtigste Bildthema der Hofevangeliarie, jenes der göttlich inspirierten Evangelisten, welche in die Heiligkeit der Schrift und so in die jeweilige Handschrift einführen, wurde hier prachtvoll umgesetzt.

Diptychon mit nachösterlichen Erscheinungen Christi

Aachen, Hofschule Karls des Großen
1. Viertel 9. Jh.

Elfenbein · Tafeln je H 31,7 cm, B 10,8 cm
in schmaler gotischer Silberfassung
Als Buchdeckel auf einem Antiphonar
des frühen 15. Jhs.

Aachen, Domschatzkammer, Inv.-Nr. G 8

Das stark abgenutzte Diptychon zeigt eine seltene Bilderfolge zu den Erscheinungen des auferstandenen Christus vor den Aposteln. Das Fehlen der ersten und am häufigsten dargestellten Erscheinung Christi, jene vor Maria Magdalena, bestätigt den Akzent auf die Apostel. Die Erzählung beginnt unten rechts und verläuft entgegen dem Uhrzeigersinn: das Treffen auf dem Weg nach Emmaus; das gemeinsame Mahl; der Bericht der Jünger an die anderen Apostel; die Erscheinung vor dem ungläubigen Thomas; die Segnung der Apostel vor der Himmelfahrt (oder ihre Aussendung) und die Auslegung der prophetischen Schriften als Hinweise auf die Erfüllung. Die zwei letzten Szenen wurden offensichtlich in der chronologischen Reihenfolge vertauscht, wohl zugunsten eines zusätzlichen, horizontalen Bezugssystems: So schwingen in den zentralen Szenen formale Reminiszenzen an Bilder des letzten Abendmahls und der Kreuzigung mit. Damit sind auch die zentralen Themen gegeben, von denen die Apostel der Welt berichten sollten – beziehungsweise das Evangelienbuch, das diese Tafeln ursprünglich geschmückt haben können.

Fragmente eines Diptychons

mit Medaillons Christi und der Evangelistensymbole

108 Oberitalien, Mailand (?)
1. Viertel 9. Jh.

Elfenbein · Christus H 11,7 cm, B 11,8 cm, T 0,8 cm; Matthäussymbol H 12,1 cm, B 11,6 cm, T 0,9 cm; Johannessymbol H 11 cm, B 12,5 cm

Christus und Matthäussymbol: Ravenna, Museo Nazionale, Inv.-Nr. 1006 – 1007; Johannessymbol: London, Victoria and Albert Museum, Inv.-Nr. 269-1867

Diese Medaillons lassen sich anhand der Spuren auf ihrer Rückseite zu einem Diptychon rekonstruieren, das möglicherweise erst im 19. Jahrhundert für einen Verkauf zersägt wurde. Die Anordnung war folgende: oben links und rechts der Engel von Matthäus und der Adler von Johannes, darunter wohl eine verlorene Maria (wie andere Bildprogramme der Zeit nahelegen) und Christus, und schließlich ganz unten der Stier von Lukas (erhalten, nicht ausgestellt) und der Löwe von Markus (verloren).

Eine rückseitige Vertiefung für eine Wachsschicht deutet auch hier auf die Wiederverwendung eines spätantiken Diptychons. Löcher anstelle der abgeschliffenen inneren Randleisten zeugen von einer späteren Bindung beider Tafeln. Direkt auf dem Elfenbein eingetragene Texte des 13. oder 14. Jahrhunderts wurden Ravenna zugeordnet, und schon die Bilder selbst mögen in Oberitalien entstanden sein: Ihr Stil ist zwar mit jenem der in der Umgebung Karls verorteten Werke verwandt, erscheint aber ruhiger, wobei die sehr klassische Rahmenornamentik auf eine größere Vertrautheit mit antiken Vorbildern deutet. Die rote und grüne Farbe auf zwei der Medaillons ist wohl nachmittelalterlich.

Evangeliar von Saint-Denis

Handschrift: nordöstliches Frankenreich · 2. Hälfte 9. Jh.

Pergament, 250 Blätter · H 28 cm, B 20 cm
Elfenbein: Oberitalien, 1. Viertel 9. Jh. · H 21,1 cm, B 9,2 cm

Paris, Bibliothèque nationale de France, Ms. lat. 9387

Diese Handschrift ist eine der ältesten erhaltenen aus der Abtei Saint-Denis bei Paris, wo sie ab den 1280er Jahren dadurch bezeugt ist, dass ihr spezifische Lesungen für die dortigen Hauptfeste hinzugefügt wurden. Von ihrem besonderen damaligen Status zeugen auch die (im 18. Jahrhundert neu gebundenen) Einbandplatten: Die vordere aus Kupfer mit den gravierten Evangelisten Lukas und Johannes entstand wohl um 1260 – 1270. Auf der Rückseite, welche bei Anhebung des Buches alle sahen, befinden sich Goldschmiedearbeiten des späten 13. und frühen 14. Jahrhunderts, die ein älteres Elfenbeinrelief rahmen.

Dieses Relief zeigt einen stehenden, segnenden Christus mit Buch unter einer Arkade mit zwei Pfauen. Die Darstellung folgt spätantiken Vorlagen und dürfte im ersten Viertel des 9. Jahrhunderts vielleicht in Oberitalien entstanden sein, weist aber Bezüge zu Werken aus der Umgebung Karls des Großen auf. An die (ersten) Arbeiten seiner »Hofschule« knüpft auch die Handschrift selbst an mit Purpurseiten, Gold- und Silbertinte, ornamentalen Rahmungen sowie der Textversion – aber weitere Aspekte deuten auf eine Entstehung in der zweiten Hälfte des 9. Jahrhunderts im nordöstlichen Frankenreich. Ob sich auf dem Einband der Handschrift damals schon die Elfenbeintafel befand, wissen wir nicht.

Elfenbeinrelief mit Kreuzigung Christi und Passionsszenen

112 Aachen, Hofschule Karls des Großen · um 800

Elfenbein · H 25,4 cm, B 15,7 cm, T 1,5 cm

Narbonne, Schatz der Kathedrale St. Just

Die Mitte der Tafel nimmt ein übergroßer, jugendlicher, fülliger Christus am Kreuz ein. Er blutet stark, hält jedoch siegessicher die Augen offen. Direkt unter dem Strom des heilenden Blutes, das aus den Händen gleichsam auf seine in Inschriften wiedergegebenen letzten Worte fließt, stehen Maria und Johannes, jeweils vor weiteren Trauernden. Das mit Perlen umrahmte Kreuz erscheint gleichsam entrückt. Im Gegensatz dazu zeigt die Szene direkt darunter ganz realistisch, wie sich zwei Männer das Gewand Christi teilen. Ihre Lostrommel scheint sogar direkt mit dem Kreuz verbunden zu sein.

Unten sind außerdem das Abendmahl, der Judaskuss, die Frauen am Grabe und die Erscheinung vor dem ungläubigen Thomas dargestellt. Oben erscheint zweimal die übermächtige Hand Gottes: links, um Christus in den Himmel zu ziehen, rechts, um Strahlenbündel auf die Apostel zu senden. Sonne und Mond dazwischen sind der kaiserlichen Ikonografie entnommen und deuten die kosmische Dimension der Weltherrschaft Christi an. Diesem Anspruch entspricht auch die aufwendige Rahmung, deren Motive um 1050 auf drei Altarplatten unweit von Narbonne im Südwesten Frankreichs übernommen wurden, wo die Tafel seit 1850 bezeugt ist.

HIC EST IHS
NAZARENVS
REX IVDEOR
MVLIER ECCE FILIVS TVVS
APL ECCE MATER TVA

Harrachsches Diptychon

Aachen, Hofschule Karls des Großen · um 800 · Holzrahmen 19. Jh.

Elfenbein · Tafeln jeweils ca. H 31,5 cm, B 10 cm, T 0,7 cm

Köln, Museum Schnütgen, Dauerleihgabe der Stiftung
Peter und Irene Ludwig

Diese beiden Tafeln dienten 1887 als Lichtschirm im Schlafzimmer des Grafen Otto von Harrach auf seinem neogotischen Schloss zu Hrádek u Nechanic; ihre frühere Geschichte ist unbekannt. Die älteren Figuren der Rückseite waren wohl Teil eines größeren Ensembles gewesen, vielleicht eines oberitalienischen oder spanischen Reliquienschreins oder Altars des 7. oder 8. Jahrhunderts, bevor zur Zeit und in der Umgebung Karls des Großen neue Bilder auf diese beiden Platten geschnitzt wurden.

Dargestellt sind im oberen Register die schreibenden Evangelisten, die wohl gerade Zeugnis ablegen über vier Hauptereignisse aus dem Leben Christi: mittig die Verkündigung neben dem Geburtsbild; ganz unten die Kreuzigung und die Frauen am leeren Grabe vor dem Engel. Alle Figuren haben blau-schwarze Glasaugen.
Ähnliche Autorenbilder begegnen in Evangeliaren, und das Bildprogramm eignete sich für den Einbandschmuck eines solchen Buches. Der Schnitzer hat ungewöhnliche Bildlösungen gefunden, wie jene des antikisierenden Rundaltars für den neugeborenen Christus, welcher den Moment der Inkarnation mit jenem des Opfers zusammenbringt.

Fibel von Dorestad

(Scheibenfibel)

116 Reichenau oder Kanton Wallis, Schweiz (?) · um 800

Gold, Almandinen, Perlen, Email, Glas
Dm 8,4 cm

Leiden, Rijksmuseum van Oudheden, Inv.-Nr. f 1978/1.1

Diese Mantelschließe wurde 1969 in einem Schöpfbrunnen der verlassenen Stadt Dorestad am Rhein (unweit von Utrecht) ausgegraben – eine Hafenstadt am nördlichsten Rand des Reiches, die unter dem besonderen Schutz Karls des Großen stand. Dorestad war reich und christlich, was sich im Schmuck der Fibel widerspiegelt: Sie zählt mit vier großen Almandinen und 24 Perlen, bunten Emaille und roten Glasintarsien und mit einer feinen Goldbearbeitung zu den spektakulärsten Goldschmiedearbeiten, die aus Karls Reich

bekannt sind. Außerdem sind zwei versetzte Kreuze zu erkennen, während das bunte Gewirr dazwischen auf pflanzliche oder tierische Formen verweist, und damit auf die Schöpfung, welche sich der Kreuzstruktur und dem christlichen Heilsplan unterwirft.

Bilder und Grabfunde belegen, dass reiche Frauen solche Scheibenfibeln verwendeten, um ihre Mäntel auf der Brust zu schließen. Hier wurden später die rückseitige Nadel abgesägt und unsichtbare Nägel unter den Glasstückchen angebracht: Die Scheibe muss auf einer hölzernen Unterlage fixiert worden sein – vielleicht ein Reliquiar oder Bucheinband, nachdem die Besitzerin sie einer Kirche gestiftet hatte? In den Brunnen gelangte die Fibel um 850, zu einer Zeit, in der zahlreiche Wikingerangriffe stattfanden. Ob sie in der Hoffnung versteckt wurde, sie in friedlicheren Zeiten wieder herauszuholen?

Tassilokelch

Nach 763 und vor 788

Kupfer vergoldet, Silberauflagen mit Niello, Glasflüsse · H 25,5 cm, Dm der Cuppa 15,6 cm, Dm des Fußes 13,6 cm

Benediktinerstift Kremsmünster

Die Größe dieses Kelches deutet darauf hin, dass er dazu bestimmt war, die Eucharistie an viele Gläubige zu spenden. Zugleich war er Instrument herrschaftlicher Repräsentation: Die Inschrift an seinem Fuß nennt »Tassilo starker Herzog« und »Liutpirc aus königlichem Spross«, also den Agilolfinger Tassilo von Bayern, der 757 die Herrschaft des fränkischen Königs Pippin, Vater Karls des Großen, anerkannt hatte, und die Tochter des Langobardenkönigs Desiderius, die er um 765 geheiratet hatte. Tassilo hat 777 das Stift Kremsmünster gegründet und reichlich beschenkt, wohl auch mit diesem Kelch. Er wurde 788 von Karl dem Großen abgesetzt und schließlich verbannt.

Der Kelch ist bebildert, was außergewöhnlich für diese Zeit ist. Auf Silbermedaillons, die im Kelchkörper eingelassen sind, erscheinen am Fuß Johannes der Täufer und drei weitere Figuren und auf der Cuppa die vier Evangelisten samt Symbolen um Christus als Weltenrichter – der bis 1777 axial über seinem Wegbereiter, Johannes dem Täufer, angeordnet war. Schlangenartiges Getier lauert in den Verschränkungen des Goldornaments zwischen den architektonischen Andeutungen, besonders an der oberen Lippe, und mahnt zu Respekt vor der Eucharistie.

Hostienpyxis

Fundort: Regnitz bei Pettstadt (Lkr. Bamberg)
Ostfränkisch · letztes Viertel 8. Jh.

Silber, teilvergoldet, Niello · H 10 cm, Dm 11,4 cm

Nürnberg, Germanisches Nationalmuseum,
Inv.-Nr. FG 1966

Dieser 560 g schwere Silberbecher zeigt in seinem vergoldeten und niellierten Ornament ein verwirrendes Geflecht aus Pflanzen- und Tiermotiven und stellt damit die endlose Dynamik der Schöpfung dar. Es wird gleichzeitig ein rundes, viersäuliges Bauwerk gebildet, das eine paradiesische Vorstellung hervorruft oder auch als Bild des leeren Grabes in Jerusalem zu verstehen ist: Tatsächlich wurden heilige Gefäße zur Aufnahme der konsekrierten Hostien von den frühmittelalterlichen Theologen als Sinnbilder des heiligen Grabes gedeutet. Der Becher, dem ein (bei anderen Exemplaren erhaltener) Deckel fehlt, ist innen vergoldet, sodass die ewiges Leben spendende Eucharistie im glänzenden Schein aufbewahrt wurde.

Gefunden wurde diese Pyxis oder *capsa* 1928 im Flussbett der Regnitz bei Pettstadt im Landkreis Bamberg. Sie gehörte möglicherweise zur Erstausstattung einer der 14 Kirchen an der Regnitz und am Main, mit deren Gründung im Zuge der Evangelisierung der Westslawen Karl der Große kurz vor 800 den Bischof von Würzburg beauftragte. Bischof Gerbald von Lüttich nennt wenig später eine *capsa* unter den nötigen Ausstattungsgegenständen von Landkirchen und man findet diese wieder in mehreren bayerischen Inventaren im Laufe des 9. Jahrhunderts.

Reliquiare des Papstes Paschalis I. (817–824)

122 Zu Anfang des 20. Jahrhunderts wurden in der von Leo III. (amt. 795–816) umgestalteten Laurentiuskapelle am Lateran in Rom ein Emailkreuz und ein Gemmenkreuz mit ihren Silberbehältern gefunden, die Papst Paschalis I. (amt. 817–824) gestiftet hatte. Diese Reliquiare weisen als römische Antwort auf den byzantinischen Ikonoklasmus ein bilderfreundliches Programm auf.

Silberbehälter für das Emailkreuz

Rom · zwischen 817 und 824

Silber, getrieben, teilvergoldet
H 30 cm, B 20 cm, T 6 cm

Vatikanstadt, Musei Vaticani, Museo Sacro, Inv.-Nr. 61888

Auf dem Schiebedeckel des Silberbehälters thront Christus. Er wird durch zwei Engelsbüsten in Medaillons vorgestellt, was ihn als Gottessohn kennzeichnet, sowie von Petrus und Paulus. Diese stehen auf Hügeln, was auf ihr irdisches Leben verweist, das in Rom endete, während unter dem Thron die vier Paradiesflüsse angedeutet sind.

Auf der Vorderseite des Kastens sind das Lamm als Zeichen des Opfers Christi und die vier Symbole der Evangelisten zu sehen, wie in der Apsis mancher römischer Kirchen. Die Menschwerdung Gottes und ihre allgemeine Anerkennung bilden mit Verkündigung, Heimsuchung, Geburt, Huldigung der Weisen und schließlich des Simeon im Tempel das Thema der drei anderen Kastenseiten.

Emailkreuz

Rom · zwischen 817 und 824

Kupfer, vergoldet, Zellenschmelz · H 27,2 cm, B 18 cm, T 3,5 cm

Vatikanstadt, Musei Vaticani, Museo Sacro, Inv.-Nr. 61881

124 »Ich bitte Dich, meine Herrin, Königin der Welt, empfange dieses Zeichen des Kreuzes, das Dir Bischof Paschalis darbietet«: Mit dieser Inschrift widmete der Papst das Siegeszeichen der erlösenden Kraft des Todes Christi dessen Mutter, der Fürsprecherin Maria. Sie thront oben auf dem Deckel bei der Verkündigung, die weiteren Szenen zeigen ihre Begegnung mit Elisabeth, den Dialog auf dem Weg nach Bethlehem, die Geburt Christi, die Huldigung der Weisen, die Darbietung Jesu im Tempel. Schließlich wird vom Himmel her dessen Gottessohnschaft bei der Taufe im Jordan bestätigt. Die Form des Reliquiars, das Kindheitsreliquien enthielt, wurde privaten Brustkreuzen entliehen, die in Byzanz als Zeichen gegen den Ikonoklasmus galten. Die Leuchtkraft der Emails kommt zeitgenössischen Mosaiken in mehreren römischen Kirchen nahe.

Silberbehälter für das verlorene Gemmenkreuz

Rom · zwischen 817 und 824

Silber, getrieben, teilvergoldet · H 28 cm, B 27,5 cm, T 10 cm

Vatikanstadt, Musei Vaticani, Museo Sacro, Inv.-Nr. 60985

Dieser Behälter wurde für ein Gemmenkreuz mit Kreuzreliquie geschaffen, das bei Prozessionen getragen wurde und seit dem Ende des Zweiten Weltkriegs verschollen ist. Seine getriebenen Bilder sind offenbar aus derselben Werkstatt hervorgegangen wie jene des Emailkreuzes.
Im zentralen Bildfeld wird die Einsetzung der Eucharistie als ein kirchenstiftender Akt gezeigt, in dem Maria und Petrus Christus flankieren. Dieser deutet auf die Opfergaben, also auf seine eigene Präsenz in der Eucharistie, und der Bildzyklus zu den Erscheinungen des Auferstandenen demonstriert seine Leiblichkeit ebenso wie seine Darstellbarkeit. Die Inschrift »Bischof Paschalis ließ dies für das Volk Gottes machen« betont die universelle Relevanz dieses Reliquiars.

Bildnachweis

Aachen, Domschatzkammer · S. 106 (© 2014. Photo Scala, Florenz), S. 79 (Foto: Ann Münchow)

Aachen, Stadtarchiv · S. 65 (Foto: Wolfgang Schmitz)

Aachen, Suermondt-Ludwig-Museum · S. 63 (Foto: Anne Gold)

Amay, Cercle archéologique Hesbaye-Condroz S. 23 (© C.A.H.C. (= Cercle archéologique Hesbaye-Condroz))

Berlin, Staatsbibliothek zu Berlin – Preußischer Kulturbesitz · S. 91

Berlin, Staatliche Museen zu Berlin – Preußischer Kulturbesitz, Münzkabinett · S. 39 (Staatliche Museen zu Berlin, Münzkabinett, Objektnr. 18202749)

Berlin, Staatliche Museen zu Berlin, Skulpturensammlung und Museum für Byzantinische Kunst · S. 30 – 31

Bern, Burgerbibliothek · S. 52 (Burgerbibliothek Bern, Cod. 250, f. 11 v)

Brescia, Biblioteca Queriniana · S. 82 – 83

Bukarest, Nationalbibliothek, Filiale Alba Iulia, Biblioteca Batthyáneum · S. 104 – 105

Cambrai, Bibliothèque municipale · S. 59 (Médiathèque d'Agglomération de Cambrai. Cliché: IRHT-CNRS)

Darmstadt, Hessisches Landesmuseum S. 101 (Foto: Wolfgang Fuhrmann)

Essen, Domschatz · S. 92 (Foto: Archiv der Domschatzkammer)

Gent, Sint-Baafskapittel · S. 88 – 89 (© Lukas-Art in Flanders VZW, photo Hugo Maertens)

Halberstadt, Stiftung Dome und Schlösser in Sachsen-Anhalt, Domschatz Halberstadt S. 56 (Landesamt für Denkmalpflege und Archäologie Sachsen-Anhalt, Juraj Lipták)

Ingelheim am Rhein, Museum bei der Kaiserpfalz (Historischer Verein Ingelheim e. V.) S. 42 – 43 (Foto: Dieter Wolf)

Karlsruhe, Badische Landesbibliothek S. 19 (Badische Landesbibliothek in Karlsruhe, Ms. Aug. perg. 129, fol. 10r)

Köln, Museum Schnütgen · S. 114 (© Rheinisches Bildarchiv Köln, rba_d20533)

Kremsmünster, Benediktinerstift, Schatzkammer · S. 119 (Foto: Josef Leithner)

Leiden, Leiden University Library · S. 55 (Leiden, Universitätsbibliothek, Ms. VLQ 79, fol. 93 v)

Leiden, Rijksmuseum van Oudheden S. 46 – 47, S. 116 – 117 (© Erik de Goederen)

Leipzig, GRASSI Museum für Angewandte Kunst · S. 99 (Foto: Gunter Binsack, Leipzig)

London, The British Library · S. 74 – 75 (© The British Library Board, Harley 2788 f161v, f162r)

London, Victoria and Albert Museum S. 102, S. 109

Maastricht, Centre Céramique · S. 15

Montpellier Bibliothèque interuniversitaire BIU Montpellier/IRHT (CNRS) · S. 95

München, Universitätsbibliothek · S. 85

Narbonne, Musées de Narbonne S. 113 (© Angélique Paitrault)

Nijmegen, Museum Het Valkhof · S. 41

Nürnberg, Germanisches Nationalmuseum S. 48 – 49 (Foto: Monika Runge), S. 121

Osnabrück, Domschatzkammer und Stadt S. 2 (Foto: Christian Grovermann)

Oxford, The Bodleian Libraries, The University of Oxford · S. 96

Paderborn, Museum in der Kaiserpfalz/LWL S. 40 (© LWL-Archäologie für Westfalen, Foto: Stefan Brentführer)

Paris, Bibliothèque nationale de France S. 70 – 71, S. 76 – 77, S. 110

Pavia, Musei Civici · S. 34 – 35

Privatsammlung · S. 50 – 51

Ravenna, Museo Nazionale · S. 32 – 33, S. 108 – 109 (Foto: Paolo Bernabini, mit freundlicher Genehmigung von SBAP-RA (MiBACT-Italia))

Reims, Bibliothèque municipale · S. 60 (Reims, Bibliothèque municipale, ms 671, fol. 2)

St. Gallen, Stiftsbibliothek · S. 21

Sélestat, Ville de Sélestat – Bibliothèque Humaniste, BHS MS. 17, F.) · S. 36 – 37

Tours, Bibliothèque municipale · S. 86 – 87 (Cliché CNRS – IRHT)

Trier, Museum am Dom · S. 26 (Foto: Rudolf Schneider, Trier, Museum am Dom)

Trier, Rheinisches Landesmuseum · S. 24 – 25 (Foto: Thomas Zühmer)

Vatikanstadt, Musei Vaticani, Museo Sacro S. 29 (Foto: © Animabit Multimedia Software GmbH), S. 123 – 125

Wien, Kunsthistorisches Museum · S. 16

Wien, Österreichische Nationalbibliothek S. 72 – 73

Zürich, Zentralbibliothek Zürich · S. 44 – 45 (Zentralbibliothek Zürich, Ms. C 78, fol. 105 v/106 r (Dauerleihgabe Stiftsbibliothek St. Gallen))

Impressum

Herausgeber
Sarvenaz Ayooghi, Frank Pohle
und Peter van den Brink
im Auftrag der Stadt Aachen

Bildredaktion
Sarvenaz Ayooghi | Heinrich Becker
Carmen Roebers

Texte für »Karls Kunst«
Philippe Cordez in Bearbeitung der Einträge
im Ausstellungskatalog

Texte für »Orte der Macht«
Michael I. Allen (MIA) | Wim Dijkman (WD) | Katharina Hanni Frank (KHF) | Wolfram Giertz (WG) | Klaus-Peter Goethert (KPG) | Christina Jax (ChJ) | Bernd Kluge (BK) | Lydia Konnegen (LK) | Martin Kroker (MKro) | Judith Ley (JL) | Sabine Maffre (SM) | Cetty Muscolino (CM) | Walter Oberschelp (WO) | Frank Pohle (FP) | Hermann Queckensted (HQue) | Sebastian Ristow (SR) | Carmen Roebers (CR) | Britta Schulze-Böhm (BSchB) | Tobias Springer (TSp) | Davide Tolomelli (DT) | Rainer Walter (RW) | Annemarieke Willemsen (AW) | Karoline Zhuber-Okrog (KZO)

Lektorat
Christine Jäger, Sandstein Verlag
Mitarbeit: Sina Volk

Übersetzung
Büro Lance Anderson (DE-EN) | Philippe Cordez (DE-FR) | SV Übersetzerdienst – Gesine Kulow, Benoît Milin (DE-FR) | SV Übersetzerdienst – Patrick Pubben (DE-NL)

Gestaltung
Michaela Klaus | Christian Werner | Simone Antonia Deutsch, Sandstein Verlag

Satz und Reprografie
Christian Werner | Jana Neumann, Sandstein Verlag

Druck und Verarbeitung
Grafisches Centrum Cuno GmbH & Co. KG
gedruckt im Ultra HD Print®

Die Deutsche Nationalbibliothek verzeichnet diese Publikation in der Deutschen Nationalbibliografie; detaillierte bibliografische Daten sind im Internet über http://dnb.ddb.de abrufbar.

www.sandstein-verlag.de
ISBN 978-3-95498-116-8